RLIE

**MÚSICA   CULTURA POP   ESTILO DE VIDA   COMIDA
CRIATIVIDADE & IMPACTO SOCIAL**

MIKE EDISON

CHARLIE WATTS

SYMPATHY FOR THE DRUMMER

Tradução
Marcelo Barbão

Belas Letras

Título original: Sympathy for the Drummer - Why Charlie Watts Matters
Copyright © 2019 Mike Edison
Todos os direitos reservados

Nenhuma parte desta publicação pode ser reproduzida, armazenada ou transmitida para fins comerciais sem a permissão do editor. Você não precisa pedir nenhuma autorização, no entanto, para compartilhar pequenos trechos ou reproduções das páginas nas suas redes sociais, para divulgar a capa, nem para contar para seus amigos como este livro é incrível (e como somos modestos).

Este livro é o resultado de um trabalho feito com muito amor, diversão e gente finice pelas seguintes pessoas:

Gustavo Guertler (*publisher*), Fernanda Lizardo (edição), Celso Orlandin Jr. (capa, projeto gráfico e diagramação), Marcelo Barbão (tradução), Viviane Rodrigues (preparação) e Lucas Mendes Kater (revisão).
Obrigado, amigos.

Foto da capa: Neal Preston

2023
Todos os direitos desta edição reservados à
Editora Belas Letras Ltda.
Rua Visconde de Mauá, 473/301 – Bairro São Pelegrino
CEP 95010-070 – Caxias do Sul – RS
www.belasletras.com.br

Dados Internacionais de Catalogação na Fonte (CIP)
Biblioteca Pública Municipal Dr. Demetrio Niederauer
Caxias do Sul, RS

E23c	Edison, Mike.
	Charlie Watts: Sympathy for the Drummer - Por que amamos o baterista dos Rolling Stones / Mike Edison; tradução de Marcelo Barbão. - Caxias do Sul, RS: Belas Letras, 2022.
	224 p. il.
	ISBN: 978-65-5537-263-2
	ISBN: 978-65-5537-264-9
	ISBN: 978-65-5537-265-6
	Tradução de: Sympathy for the Drummer: Why Charlie Watts Matters
	1. Rolling Stones (Grupo musical) - História. 2. Rock inglês. 3. Músicos de rock - Inglaterra - Biografia. 4. Watts, Charlie, 1941- 2021. I. Título. II. Barbão, Marcelo (trad.).
23/04	CDU 929Watts

Catalogação elaborada por Rose Elga Beber, CRB-10/1369

"Existem dois tipos de música, a boa e a ruim.
Eu toco o tipo bom."
Louis Armstrong

"Que porra é um baterista de rock?"
Charlie Watts

SUMÁRIO

APRESENTAÇÃO:
SENHORAS E SENHORES, OS ROLLING STONES — 9

1. ALL THAT JAZZ — 18

2. A MÚSICA DO DIABO — 26

3. NOT FADE AWAY — 44

4. CHARLIE ESTÁ MANDANDO BEM ESTA NOITE — 62

5. RIP THIS JOINT — 84

6. A PALAVRA COM "V" — 102

7. THE HARDER THEY COME — 112

8. RESPEITÁVEL — 134

9. HANG FIRE — 158

10. CADÊ MEU BATERISTA? — 170

11. BRIDGES TO NOWHERE — 186

12. BLUES IN THE NIGHT — 202

AGRADECIMENTOS — 211

BIBLIOGRAFIA SELECIONADA — 215

INTRODUÇÃO

SENHORAS E SENHORES, OS ROLLING STONES

Era um desafio subversivo e direto à autoridade, e uma afirmação inequívoca de superioridade no show business. Eles eram o poder e a beleza, e superavam a tudo e a todos em seu campo de atuação.

Charlie Watts era o baterista, a força motriz por trás dos riffs lascivos e sucessos dançantes, do boogie de porão sujo e imundo e dos lamentos de drogados refinados. Eles atacavam com mais força do que qualquer coisa que os precedera, e tocavam com mais classe e nuances do que qualquer um imaginava ser possível, uma combinação de precisão e "foda-se" digna de definir a melhor música deles. Não havia qualquer tipo de acomodação no grupo. Até a música country mais bonitinha deles falava sobre heroína.

Eles englobavam o futuro e o passado com igual ardor e imaginação. Moldaram a história da música norte-americana à própria imagem, criando um universo alternativo onde o country e o blues se encontraram com a violência e o LSD. Batidas disco se engalfinhavam com acordes de guitarra havaiana. A música gospel deles era desagradável. Tudo fedia a sexo.

E literalmente sentado atrás de tudo, as pernas abertas ao redor de uma caixa, ao longo de cinco décadas, Charlie Watts foi evoluindo de guardião da batida a xamã, seus pratos trepidando, abrindo e fechando com uma graça contraintuitiva, lixiviando sexo e vodu, dançando com o diabo, tinindo abandono e intenção astuta.

Charlie Watts foi uma testemunha, um sobrevivente, um poeta guerreiro no sentido mais clássico da definição, recitando suas salvas hiperestilizadas com selvageria sutil, elegância incomum e *savoir faire* rítmico. Com seu suingue fácil e viradas irregulares e muitas vezes galopantes, ele descobriu como entrar na música tal qual um grande cantor — e ainda assim sua batida implacável nas músicas mais mesquinhas da época deu autenticidade a uma banda que nas melhores noites representava uma ameaça existencial ao status quo. Ele encontrava pausas para respirar nas músicas com pouco espaço para tal. Esticava o tempo, e enquanto outros explodiam a bateria em busca de um pop barato oriundo de um público cada vez mais escravo do jogo de cena, ele tocava seu modesto kit com sutileza e humildade e mandava ver no groove. Ele concedia controle ao vocalista e ao guitarrista. Fugitivos da prisão eram dotados de menos coragem.

Charlie Watts é (ou talvez já tenha sido, a essa altura) o baterista dos Rolling Stones, um grupo de música popular da Inglaterra cujo início de carreira se deu em um calorento clube londrino em 1962, e que no ápice da carreira ficaram conhecidos como A Maior Banda de Rock 'n' Roll do Mundo. O merecimento deste título é indiscutível.

É difícil imaginar que alguém adentre neste livro totalmente alheio aos fatos — afinal de contas é praticamente impossível que o leitor não saiba quem são os Rolling Stones. Mas ao mesmo tempo seria um equívoco não tirar um momentinho para descrever os principais integrantes da banda. As regras de combate exigem explicação! E de qualquer modo, o ato de tocar bateria tem tudo a ver com contexto — você já viu algum baterista ser convidado à casa de alguém para fazer uma apresentação? Pouco provável. Então, perdoe-me desde já, mas é um prazer lhes apresentar a banda.

O vocalista é (ou era, eu não sei quando você está lendo este livro) um cara chamado Mick Jagger, muitas vezes referido por Charlie como "Peter Pan" devido à sua tendência a ignorar a ininterrupta passagem dos anos em decorrência do heliocentrismo. Em seu septuagésimo sexto aniversário, Mick Jagger permanecia um corisco, saltitando e circulando sem parar, fazendo adolescentes se perguntarem o que ele comia no café da manhã e vislumbrarem consumir a mesma coisa.

Em muitas ocasiões, ele também se revelou um dos letristas mais surpreendentes que a arte já conheceu, um poeta cujos instintos byronianos foram bem alimentados pela realidade dos Rolling Stones e pela época em que viveram — uma mudança cultural tectônica que os viu planar quase infalivelmente dos puristas do blues, passando pela resposta maravilhosamente desonesta e decadente aos Beatles (o LSD era tanto uma bênção quanto uma maldição) até a aristocracia do rock, virarem *revanchistas* do punk e, finalmente, titãs do showbiz cujo repertório e status quase mítico evitaram a necessidade de lançarem novos álbuns para lotar estádios de futebol.

Mick ajudou a escrever músicas que definiram várias gerações, levando crédito por matar os Kennedy e uivando sobre estupro e assassinato, mas também celebrando o amor em todas as suas formas. Muitas vezes, um detento de sua pior natureza, onde canções como "Stupid Girl", "Under My Thumb" ou "Some Girls" teriam sido capazes de dar fim à sua carreira caso tivessem nascido no novo século, ele também cumpriu pena como um extravagante transgressor de gênero, um romântico cuja paixão praticamente desconhecia limites, entoando sobre mulheres de todos os tamanhos e cores concebíveis, e cantando entusiasticamente sobre os dois lados da equação do sexo oral. Ele foi, por sua vez, um artista destemido, um cantor de dons notáveis, um bobo da corte, um estadista experiente, um caçador e criador de tendências, uma vítima da moda e o maior *frontman* da história do rock. Ele é um deus falho, tal como são os melhores deuses.

Enquanto Mick era o sol e o céu e as estrelas lá em cima, seu antigo colega de escola Keith Richards era mais pé no chão. Um guitarrista sábio agraciado por instintos rítmicos sobrenaturais e bom gosto, ele transformou as paradas duplas de Chuck Berry e uma antiga técnica da afinação Delta no Blues em uma fórmula registrada, e a espancou com o *joie de vivre* típico do seu negócio, produzindo riffs simples que esmagaram tudo o que tinha surgido até então, e jamais permitindo que seu ego suplantasse sua forma de tocar. Há muito anunciado como um sobrevivente — ele já foi conhecido como o viciado mais famoso do planeta; sua capacidade de consumir álcool e drogas e ainda assim trabalhar mais do que qualquer um é uma lenda tão sacrossanta quanto a do Rei Arthur —, a verdade é que ele está vivo não apesar dos Rolling Stones, mas *por causa* deles, pois o riff de "Jumpin' Jack Flash" é mais afirmativo para a vida do que a alternativa.

Keith era o contraponto perfeito para Mick — a dupla de compositores Jagger/Richards se tornou o eixo em torno do qual giravam os Stones e, no palco, eles se tornaram os Glimmer Twins, os Bonnie e Clyde da revolução do rock 'n' roll. Mas o motor propulsor era o cara lá de trás com a caixa entre as pernas.

Keith foi o melhor parceiro musical possível para Charlie Watts, com quem criou uma conspiração dentro de uma conspiração. Juntos, eles deram aos Stones uma presunção e um fluxo únicos — a guitarra rítmica cortante e o senso sobrenatural para o riff de Keith ampliaram o senso de swing de Charlie, forçando o arranque da batida e o recuo suave que se tornou o estilo central dos Stones. E esta é a razão primordial pela qual Charlie Watts é o cara — ele era capaz de entender, melhor do que ninguém, a diferença entre *antegozo* e *penetração*. Ele criava atrito com Keith Richards. Ele fazia Mick Jagger *explodir*.

Charlie, Mick e Keith eram os Rolling Stones. Todos os outros eram substituíveis.

O grupo também já contou com outros membros como Brian Jones, o fundador da banda, um oriundo do blues de talento evidente, que dominava os feitiços urbanos primitivos de Elmore James e Slim Harpo, e que dava propósito à banda, descascando riffs de slide guitar e ataques na gaita com uma facilidade untuosa. Com Keith, ele começou o que ficou conhecido como a "Velha Arte da Tecelagem", um relacionamento amigável entre duas guitarras onde o ritmo e os papéis principais foram deixados de lado em favor de um ensopado orgânico onde nenhuma guitarra dominava a paisagem sonora. Mais tarde, Brian expandiria seu *grimório* para incluir instrumentos exóticos como o dulcimer, a marimba e o mellotron. Um sujeito gracioso, a música jorrava da ponta dos dedos, e suas contribuições para os primeiros sucessos dos Stones brilharam, até ele ser tomado pelo esgotamento, uma vítima do estilo de vida e da época em que viveu. Ele foi inequivocamente convidado a deixar a banda em 1969, e foi encontrado morto em uma piscina logo depois, deixando uma legião de corações arrasados e uma mística imortal.

Mick Taylor, substituto de Brian, era de um estilo totalmente diferente, um guitarrista solo que tanto alinhavava quanto trotava pela seção rítmica, e que seria responsável por fornecer boa parte das guitarras pungentes e do aerodinamismo melódico presentes em alguns dos discos clássicos dos Stones. E foi aí que eles ganharam o título de A Maior Banda de Rock 'n' Roll do Mundo, e sem dúvida ficaram intocáveis, os melhores em sua arte, o modelo para todas as bandas que vieram a seguir, tanto na música quanto na moda, e (por que não?) no comportamento chapado.

Taylor acabou desistindo por uma bobagem qualquer, alegando que não conseguia escrever nenhuma música ou algo assim, e aparentemente se arrependeu de sua decisão.

Depois de alguns testes para encontrar o próximo guitarrista, eles acabaram selecionando seu velho amigo Ronnie Wood, ex-membro da banda Faces (uma espécie de versão um tanto desleixada dos Stones), e que formou uma bela combinação com Keith, quase boa demais para ser verdade — Ronnie, a criança indisciplinada, o otimista, o bobo; Keith, o pirata que raramente viajava desarmado — e assim a Velha Arte da Tecelagem soou melhor do que nunca.

Ronnie durou mais do que os dois guitarristas anteriores somados, então talvez ele não fosse realmente substituível, mas como precisou passar vinte anos na banda antes de ser considerado membro permanente, e não apenas um funcionário, dá para imaginar que os membros principais estavam evitando se comprometer. Digamos que os riscos ocupacionais nesse grupo eram muito altos.

E enfim, mas certamente não menos importante, dentre os membros oficiais dos Rolling Stones está Bill Wyman, o baixista imensamente subestimado cujas realizações e presença jamais foram entoadas com o devido mérito. Frequentemente ofuscado pelos outros, ele guiava a banda, dominando seu instrumento plenamente, e mantendo a ordem em meio ao que poderia ser uma bagunça incontrolável. Sem dúvida um componente essencial para o som dos Stones.

A saída de Bill da banda foi anunciada oficialmente em 1993 — à época ele tinha 56 anos e, depois de mais ou menos trinta anos na ativa, parecia muito feliz por estar caindo fora. Se ele tivesse saído antes, quem sabe até onde os Stones teriam ido? Mas ele foi capaz de deixar sua criação para o próximo cara, um músico maravilhoso, mas o projeto já estava definido muito antes de ele se juntar ao time.

Eis então os Rolling Stones. Houve também tecladistas e, mais especificamente, pianistas, sendo que ao menos um deles foi rebaixado (devido à aparência, e não por causa de seu talento); também houve um saxofonista que ajudou a definir o som da banda, mas que terminou demitido por ter enchido uma banheira com champanhe Dom Pérignon — um exagero até mesmo para os Rolling Stones; e não devemos também nos esquecer de um certo produtor que ajudou os rapazes a darem um salto, saindo do patamar de delinquentes juvenis para gângsteres de verdade, antes de embarcar na própria *bad trip*. É uma história tão ousada quanto o Êxodo ou qualquer um dos Evangelhos, repleta de fúria e ressurreição. E, calma, vamos contá-la inteira aqui.

Mas indo diretamente ao assunto: Charlie Watts, um fã de jazz impenitente que ao se juntar aos Stones nutria pouco amor pelo rock 'n' roll e que pouco se interessava por drogas, mas que acabou sendo dominado

A ÚNICA COISA EM COMUM ENTRE TODOS OS RELATOS JÁ PUBLICADOS É QUE CHARLIE WATTS FOI O MOTOR DESSE CARRO. KEITH DIZIA REPETIDAMENTE: "SEM CHARLIE, SEM STONES". E, NO ENTANTO, A LITERATURA EM TORNO DE CHARLIE WATTS É ESCASSA, UM DÉFICIT NA PAISAGEM.

por tudo isto. Sua habilidade de criar suingue num blues sujo, uma música country delicada e um hard rock imundo com igual entusiasmo se tornou o *sine qua non* da empreitada. Só nos resta concluir que A MAIOR BANDA DE ROCK 'N' ROLL DO MUNDO jamais poderia existir sem O MAIOR BATERISTA DE ROCK 'N' ROLL DO MUNDO.

———

Muito já foi escrito sobre os Rolling Stones, boa parte sobre a mística duradoura de Mick e Keith, as drogas, as brigas internas, as mulheres. Há panfletos feministas furiosos e artigos bajuladores, ensaios críticos, livros de fãs, sinfonias de jornalismo sensacionalista, biografias, citações de produtores, groupies e parasitas, além de um livro de sabedoria compilado a partir das entrevistas de Keith. Há livros oficiais de mesa de centro, relatos pessoais e montes de livros de fotos. E não satisfeitos por já estarem entre os seres humanos mais documentados da história, vários dos membros da banda escreveram seus próprios livros, contando seu lado da história.

A única coisa em comum entre todos os relatos já publicados é que Charlie Watts foi o motor desse carro. Keith dizia repetidamente: "Sem Charlie, sem Stones". E, no entanto, a literatura em torno de Charlie Watts é escassa, um déficit na paisagem.

Talvez isso tenha muito a ver com a humildade de Charlie. Talvez se ele fosse mais franco, menos cavalheiro, e se tocasse mais como um lunático do que um verdadeiro *músico*; talvez se seu humor não fosse tão seco, se ele gostasse de drogas, sexo e caos, se não se apresentasse como um antiastro do rock — alguém que se casou ainda jovem, bem-educado e com pouco interesse pelos holofotes —, talvez se ele enfiasse carros em piscinas e destruísse quartos de hotel, daí então haveria um livro ou um filme para honrá-lo. Talvez se ele disparasse lasers dos olhos haveria um brinquedo de parque de diversões em sua homenagem.

Mas ele se fez presente em todos os acontecimentos: no assassinato no Altamont Free Festival, nas inúmeras apreensões de drogas e perdas, na criação de alguns dos maiores registros musicais de sua época. Suas

INTRODUÇÃO

viradas de bateria quebradas transformaram bons discos em ótimos, e sua bateria de brinquedo se tornou a âncora de uma das músicas mais ameaçadoras e violentas de todos os tempos. Havia sabedoria antiga em seu ritmo, mesmo quando ele encontrava o jazz no mais improvável de todos os lugares — a banda de rock 'n' roll mais perigosa do mundo.

Charlie Watts passou cinquenta anos vendo Mick Jagger sacudir sua bundinha magra em turnês cada vez mais bizantinas, e não apenas sobreviveu a uma vida inteira na estrada com Keith Richards, como também, juntos, eles se tornaram um coração pulsante, a seção rítmica mais efusiva e sexy da história do show business. Existe alguma banda no mundo que não tenha sido influenciada de alguma forma pelos Rolling Stones?

Acho que é hora de dar crédito ao baterista.

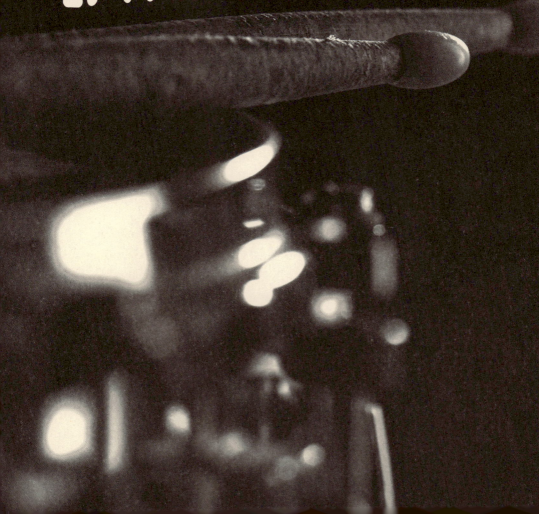

1. ALL THAT JAZZ

TOCAR BATERIA É UMA BAGUNÇA INTRINCADA — e *bagunça* é a palavra de ordem aqui.

As baterias são barulhentas e ocupam muito espaço — não apenas alguns metros de carpete, mas uma zona de guerra extensa que carrega o estouro de um morteiro no rimshot e o *bum* do bumbo — e, pelo menos na minha experiência, a bateria é o começo de uma vida inteira de reclamações dos vizinhos cada vez mais irritados por causa da algazarra, e inúmeras visitas da polícia.

Os tambores de uma bateria já foram tocados em campos militares, as caixas retumbando acima do trovão de mosquetes, tiros de canhão e gemidos medonhos de soldados feridos. O exército norte-americano lutou o que deve ter sido a Revolução mais ruidosa da história — basta olhar as pinturas! Sempre tem um percussionista nelas, mandando ver na caixa, 150 anos antes de Gene Krupa emocionar o público com "Sing, Sing, Sing", transformando seu empregador, a Orquestra de Benny Goodman, numa espécie de Metallica de sua época.

Um dia eu estava doente em casa e lembro-me de estar assistindo ao programa de televisão *Wheel of Fortune* — certamente não haveria outra circunstância que me obrigaria a estar naquela situação. O objetivo do jogo era que os competidores resolvessem um enigma de palavras com a ajuda de uma pista, e uma das pistas desse dia era: "A pior coisa que uma criança pode dizer aos pais". A partir daí, seria de se esperar uma infinidade de sugestões pitorescas, mas a resposta no fim foi bastante prosaica: "Eu quero tocar bateria."[1]

---

1 Charlie Watts para a revista DownBeat: "[Baterias] são a pior coisa que você pode adquirir para uma criança... O barulho é inacreditável, chega a sacudir um apartamento."

A bateria não vem com botões de volume. Se reproduzida corretamente, a versão moderna utiliza baquetas de madeira. Baterias de rock 'n' roll são como artilharia, uma série de munições afinadas, organizadas para atingir o máximo impacto.[2]

A bateria é o alicerce sobre o qual foram construídos os palácios de cocaína na década de 1970, ou seja, as famosas discotecas, com sua batida pesada fazendo o papel de concreto na mistura. Ao mesmo tempo, ela também é a essência do jazz em todas as suas formas maravilhosas e, claro, a espinha dorsal da hidra conhecida como rock 'n' roll.

Um baterista habilidoso é capaz de deixar uma música triste mais triste, de estimular um refrão alegre e de ser o propulsor durante uma sessão de sexo com um desconhecido, começando ali mesmo na pista de dança, tal e qual se deram muitos flertes e revoluções.

O ensurdecedor *tum-tum* dos tambores retumbantes, e o ataque penetrante e a decadência assustadora dos imensos chimbais — aquelas coisas de metal redondas enfeitadas ao redor da bateria, como discos voadores de lâminas afiadas, a fauna de cobre ruidosa de uma selva extraterrestre — são projetados para superar o barulho de orquestras sinfônicas, bandas de suingue e grupos de rock fabulosamente barulhentos cujos guitarristas fetichistas por volume carregam amplificadores do tamanho de geladeiras. E é por isso, aliás, que ao ouvir o disco *Led Zeppelin IV* nas alturas enquanto está bebaço, você fica com a impressão de ter escutado o telefone tocando, sendo que ele sequer tocou. Mas a gente vai falar um pouquinho mais a respeito disso mais adiante.

Um baterista ruim também é capaz afundar uma música rapidinho. Sempre penso no que disse Bob Dylan quando solicitado a dar alguns conselhos a futuros bateristas: "O que o cara deve evitar? Jamais tocar o prato durante a palavra 'kick' na música 'I Get a Kick Out of You'".

Um bom baterista também é capaz de resistir à tentação, outro motivo que faz de Charlie Watts o cara: ele jamais exagerou na mão, nunca

---

2 Charlie, ibid: "Faz parte do horror de se tocar bateria — controlar o volume."

fez viradas chamativas, nunca competiu por espaço com o restante da banda, nunca se embrenhou numa batida só porque sabia fazê-la. Ele encontrava nuances em uma música que muitas vezes tinha pouco espaço para tal, e junto ao seu maior conspirador, Keith Richards, deu aos Stones sua batida altiva.

É claro que, no outro extremo, a bateria pirotécnica e devassa de Keith Moon envolta em um campo matador de tambores no comunicativo hino "Won't Get Fooled Again", do The Who, era capaz de expressar uma alegria pura e rebelde, e a política de uma revolução supostamente travada pelo rock — um belo feito. Mas você percebe que se ele estivesse tocando uma música de Cole Porter, teria feito um trabalho bem mais rápido. Não teria durado nem dez segundos nos Rolling Stones.

Aliás, "Won't Get Fooled Again" provavelmente é o único momento na carreira de Moon em que ele tocou perfeitamente no tempo, em grande parte graças à faixa de sintetizadores controlados por computador que o acompanhavam e que ajudaram a impedir que sua revolução se transformasse em completa anarquia, pelo menos por uns seis incríveis minutos. Mas vamos falar *disso* mais tarde também, um dos bichos-papões mais incompreendidos da boa bateria: ater-se ao compasso da música. Tal como demonstrado com sucesso por Albert Einstein e Charlie Watts, o tempo é uma quantidade fungível. Sendo curto e grosso: você não gostaria de transar com alguém que fode como um metrônomo, então por que quer tocar rock 'n' roll como um?

Eis aí a parte mais importante da equação: no rock 'n' roll, assim como no amor e no sexo, o *roll* é o ingrediente mais importante, pois é onde está o suingue, a sedução, a graxa do motor. Como Keith Richards gostava de dizer: "O *roll* é tudo, cara, o *rock* não é nada, se vira aí, o *roll* é rei. Infelizmente, a maioria dos caras não vai atrás do *roll*."

Roll é *expectativa*, rock é *penetração*. Qualquer imbecil é capaz de fazer rock. As crianças conseguem. Adolescentes cheios de tesão também conseguem. Já Charlie Watts faz o roll.

Todo super-herói precisa de uma história de origem.

Charlie Watts nasceu em 2 de junho de 1941 numa Londres arrasada pela guerra. Seus pais eram Charles e Lillian, e seu velho trabalhava como motorista de caminhão para a London, Midland and Scottish Railway.

Logo de cara Charlie foi contaminado por sua versão de raios gama, sua aranha radioativa: "Walkin' Shoes" de Gerry Mulligan — com a vassourinha perversamente suave de Chico Hamilton, junto à versão de Earl Bostic de "Flamingo", que estava mais para rhythm and blues do que o puro jazz.

O suingue de "Walkin' Shoes" é fácil, sem nada das batidas que eram marca registrada das big bands. É groovy e cativante, sexy, provocante, mas sem ser obviamente excitante. A bateria não tem pressa. É *cool*, não *hot*. Charlie diz que a ouviu pela primeira vez aos 13 anos, e foi logo a seguir que ele tirou as cordas de um banjo e criou a própria baqueta vassourinha.

Charlie nunca teve aulas de bateria. E quando sua obsessão persistiu por mais de um ano, seu pai enfim o presenteou com uma bateria de segunda mão, um ato de abandono selvagem e altruísmo que mudaria o curso da música popular.

Charlie também era aspirante a designer gráfico. Tinha frequentado uma escola de arte e, ao se formar, começava a subir os degraus da publicidade corporativa. Ele ia ser um sucesso de qualquer jeito, porém ainda estava mais inclinado a tocar bateria, mesmo quando seu trabalho principal começava a render dividendos. Ele costumava tocar Monk e coisas modernas em cafés aqui e ali, e até chegou a tocar em uma banda de bar mitzvah — meio que algo fora da curva, mas ele sempre dizia que dava conta do recado se o pianista soubesse o que estava fazendo. Mas o grande lance era o seguinte: o camarada *amava* jazz, e *amava* tocar bateria.

Claro, muitos caras preferem se dedicar à música a trabalhar em um escritório, mas quantos deles têm coragem de fazer essa escolha? Conheço muitos sujeitos que pararam de tocar para se tornarem *dentistas*, mas daí, novamente, tenho certeza de que suas vidas estão muito melhores por causa disso. Certamente o mundo é um lugar melhor devido ao sacrifício deles.

Um detalhe que não deve passar despercebido: Charlie também vasculhava a revista *DownBeat* não apenas atrás de sons legais do Novo Mundo, mas também em busca de inspirações na moda. Aqueles caras do jazz sabiam como se vestir, e em determinado ponto ele descobriu que para que o *som fosse bom* era preciso que o *visual fosse bom*, e ele sempre se esmerava nisso. Claro, anos depois ele poderia muito bem fazer o show usando uma camiseta dos Stones (e não havia como saber com que roupa Mick iria aparecer), mas experimente fazer um show daqueles usando terno e gravata... Por um tempo, na década de 1970, Charlie foi perene nas listas dos "melhores bateristas". No início do século seguinte, ele não apenas era celebrado por sua forma de tocar, mas também era uma constante nas listas dos "mais bem vestidos" com acompanhantes usando trapos elegantes — daquelas de alta classe, tipo *Vanity Fair* e *GQ*. Ao que parece, a sorte de Charlie estava lançada. Enquanto alguns heróis tinham uma força muito maior do que a maioria dos mortais, Charlie sabia suingar. Ele era urbano. Muitos caras usavam roupas legais; Charlie usava *je ne sais quoi*.

Quando Charlie estava começando, toda a bateria no jazz já havia sido arquitetada por uma raça de super-homens com nomes como Papa Jo Jones e Philly Joe Jones — o primeiro mais conhecido por seu trabalho com a big band Count Basie Orchestra, o segundo pelo seu período com Miles Davis — e esta é a raiz dos poderes de Charlie, uma torrente de tercinas e colcheias pontuadas capazes de impulsionar a música sem confusão desnecessária.

Dada a chance, Charlie vai desembestar a falar como uma criança empolgada sobre seus heróis, Sid Catlett e Dave Tough, bateristas quase esquecidos das big bands da década de 1930. Ele fala com admiração de uma época em que a Rua 52 em Nova York era a meca do jazz. Enquanto outra geração se lastimava por não ter visto Hendrix em Woodstock ou o Led Zeppelin no Forum, o sonho de Charlie era ter visto Duke Ellington no Cotton Club, no Harlem, Louis Armstrong no Roseland, em Chicago, ou Charlie Parker em qualquer lugar.

Tal era o amor de Charlie Watts por Charlie Parker, que ele lhe dedicou um livro infantil no início de sua carreira como artista e designer, em 1960 – *Ode to a High Flying Bird*. "Ele costumava ouvir seus amigos divagando e chilreando sobre a cena em Nova York", dizia Charlie (Parker, claro) a seus outros amigos pássaros, enquanto "voava de seu ninho em Kansas City, com destino a Nova York". *High Flying Bird* faria um retorno em 1991, quando Charlie, agora uma estrela acidental do rock, fez um disco baseado em sua obra literária: *From One Charlie*. E eis mais um motivo que atesta por que Charlie Watts é o cara: ele sempre foi fiel à sua escola. Mesmo sob o peso dos Rolling Stones, o jazz jamais o abandonou.

Ele era doido pelos pioneiros do bebop, Max Roach, Kenny Clarke e Roy Haynes, pelos ícones do jazz Chick Webb e Baby Dodds, e, mais tarde, por Tony Williams — um talento completamente original com técnica intimidante nos pratos, e que foi contratado por Miles Davis quando era apenas um adolescente —, além de Elvin Jones, cuja influência foi muito mais apropriada e evidente nas mãos do baterista perfeitamente expressionista de Jimi Hendrix, Mitch Mitchell, do que jamais poderia ser no suingue e hard jump de Charlie Watts. Eis aí mais um motivo pelo qual Charlie Watts é o cara: ele sempre soube o que levar para o trabalho e o que deixar em casa.

Quando Charlie teve a brilhante ideia de tocar bateria, não havia um baterista vivo que não fosse diretamente influenciado por Gene Krupa, o "Rei do Suingue" e o sujeito responsável por transformar a figura do baterista em uma estrela. Quando ele apresentou seu solo em "Sing, Sing, Sing" com a Benny Goodman's Orchestra, em 1937, o público ficou maluco. Quando Krupa tocou aquele boogie na bateria, ele fez a bateria *rugir*. Era a primeira vez que um ritmo tão primitivo dominava o palco das big bands. Era musical, era o roll. Era algo entre o primitivo e o salão de baile. Era rock 'n' roll quando o "rock and roll" ainda era só a porra de um eufemismo.[3]

Foi também o início do solo de bateria moderno e, como tal, provavelmente fez tanto mal quanto bem, porque, convenhamos, houve apenas alguns bons solos de bateria na história — Krupa em "Sing, Sing, Sing"; a quebra de tempo de Joe Morello em "Take Five" (do Dave Brubeck Quartet); "Wipe Out" dos The Surfaris (bateria do subvalorizado Ron Wilson) e "Moby Dick", o colossal destaque do Led Zeppelin, nas mãos de John Bonham. A maior parte do resto são o que eu chamaria de "assuntos extramusicais", em grande parte bobagens do show business, todas as coisas maravilhosas e harmoniosas tocadas por Max Roach, e o sensacional, apesar dos excessos, Buddy Rich.[4]

Mas esta é uma discussão para outro momento. Por enquanto, vamos apenas celebrar que os Rolling Stones foram espertos o suficiente para contratar um cara do jazz que sempre colocaria o *roll* na frente do *rock*, um sujeito que não media seu valor pela quantidade de notas que tocava, cujo ego era temperado pela primazia do seu trabalho: que colocava a *canção* acima de tudo para fazer a *banda* soar ótima. Enquanto outros entravam na porrada com suas baterias, Charlie refinava a dele. Ele sabia quando suingar, sabia quando bater forte. Charlie não fazia solos de bateria, não porque não fosse bom o suficiente para tal, mas porque era bom o suficiente para não precisar fazê-lo.

---

3 A expressão "rock and roll" meio que foi uma poesia oriunda das músicas de marinheiros, inspirada no movimento dos navios no oceano. Mas como marinheiros são marinheiros, rapidamente se tornou um eufemismo para o sexo, a coisa com mil eufemismos. Também foi adotado em canções espirituais e gospel, como no trecho da música "The Camp Meeting Jubilee", que recita "rocking and roll... in the arms of Moses". Mas não demorou muito para que surgisse em um disco "de nicho", o *My Man Rocks Me (With One Steady Roll)*, de Trixie Smith, em 1922, geralmente creditado como sendo o primeiro disco a apresentá-lo tal como era. A história é muito maior, é claro, mas acho que você sacou a essência do negócio.

4 "Moby Dick" é a extensão lógica de tudo isso, baseada em grande parte em "The Drum Also Waltzes", de Max Roach, e combinando a síncope louca de Krupa e a força motriz de "Wipe Out" com o incrível poder técnico de Buddy Rich. Assim como Charlie Watts, Bonham também era um grande fã de Joe Morello, que lhe deu a ideia de tocar bateria usando somente as mãos. Aliás, parte da beleza do solo de "Take Five" é que Morello toca enquanto o piano ainda está repetindo e marcando o tempo para ele, que é o jeito como a maioria dos solos de bateria deveriam ser. Quando o guitarrista está fazendo seu solo, a banda normalmente não para e sai do palco, certo?

2. A MÚSICA DO DIABO

GERAÇÕES DE FÃS DE MÚSICA CRESCERAM sob a impressão de que Prince e David Bowie foram as primeiras grandes esquisitices do rock: libertadores, atípicos, pioneiros e transformadores de paradigmas cujo estilo extravagante e senso de identidade descomprometido abriram a porta para todos os que vieram a seguir.

Mas antes de tudo havia Elvis.

Elvis era um verdadeiro show de aberrações do Mississippi, um extravagante autêntico, frequentemente chamado de bicha, e o pior é que isto vinha de jovens que não sabiam como lidar com suas calças pink pregueadas ou com o topete penteado cheirando a óleo de rosas e vaselina, com suas longas costeletas, sapatos bicolores e, Ai meu Deus!, sua maquiagem pesada nos olhos. Elvis cantava como um homem negro e se vestia como um Spider from Mars.[5] Naturalmente, as mulheres o amavam, e os homens queriam matá-lo.

Também é importante para esta história lembrar que seus primeiros sucessos pelo selo Sun Records não tinham bateria, tamanho era o medo do ritmo.[6] Mas quando Elvis avançou para além das rádios locais de Memphis — quando os DJs sutilmente lembravam a seus ouvintes o nome da escola onde Elvis estudara no ensino médio para que assim soubessem que era um rapaz branco — e pousou na gravadora RCA, estourando na *Louisiana Hayride* (um conglomerado de 198 estações de rádio em 28 estados), ele tinha incorporado o ingrediente que faltava e que deixava os jovens loucos — o Ritmo!

---

5 Se traduzido literalmente, significa "Aranhas de Marte". Spiders from Mars foi a banda de apoio de David Bowie no início dos anos 1970, e inicialmente consistia em Mick Ronson nas guitarras, Trevor Bolder no baixo e Mick Woodmansey na bateria. Tal como Bowie, os membros se vestiam de forma extravagante e espalhafatosa. [Nota do Editor]

6 "That's All Right", "Good Rockin' Tonight" e "Milkcow Blues Boogie".

D.J. Fontana, o baterista da *Hayride*, havia aperfeiçoado sua habilidade de vender sexo no palco tocando em clubes de strip-tease da Louisiana. Ele sabia quando aumentar a batida para arrancar o auge do requebrado nos quadris, e quando puxar o gatilho e disparar a caixa da bateria feito uma pistola para um efeito arrasador.

Nas primeiras aparições na televisão — incluindo a primeira de Presley, na versão televisiva do *Louisiana Hayride,* em 1955 — a bateria estava escondida atrás de uma cortina, embora Fontana estivesse tocando. A bateria ainda era (acertadamente) considerada *a inimiga*.

Fontana sabia exatamente o que estava fazendo na caixa — aquele tipo de *batida sexual* que só poderia ter sido aprendido nos clubes de strip-tease; e agora, para tornar as coisas ainda mais lascivas, o sincopado jazzista das strippers havia achado seu rumo naquela confusão de country, R&B e rockabilly moderno que envolvia sua batida rija numa reverberação pegajosa e num eco gotejante.

"'Hound Dog' é uma das melhores faixas de bateria de todos os tempos", disse Charlie Watts à revista *Mojo.* "Mas quando você vê D.J. Fontana tocando naqueles programas de TV, ele não toca do jeito que os caras fazem hoje em dia. Ele faz uns subterfúgios arrastados, um suingue… como um baterista de big band, um lance suingue 4/4." Ninguém melhor do que Charlie para detectar o jazz em Elvis.

Em seu disco de estreia pela RCA, Elvis e sua banda não escondem o jogo, e é um jogo sujo, lascivo, e assim como os Stones acabariam por fazer, ele era capaz de se deslocar facilmente entre o blues, as baladas, as pisadas fortes, os gritos, altos, baixos, risos e berros, misturando country, gospel e spirituals, o outro estilo musical que ele conhecia e amava.

De certa forma, ele foi o modelo para os Rolling Stones — Elvis estava mais perto da fonte, mas todos bebiam do mesmo lugar. Num todo, o conjunto da obra era magistral e representava maravilhosamente bem como os Stones seriam ao longo de seus melhores anos, um belíssimo contribuinte para a delinquência juvenil.

No que diz respeito à rebelião adolescente, a instalação de rádios nos automóveis certamente foi um dos melhores acontecimentos do planeta. A primeira onda de roqueiros agora tinha um meio de fuga, e vinha com uma trilha sonora *e* um banco traseiro. Não é preciso ser adivinho ou sociólogo profissional para ver onde essa feliz equação ia dar.

Hoje isso soa até meio bobo, mas foi o ponto ideal da mudança cultural do pós-guerra — a primeira era na história norte-americana a glorificar a juventude; finalmente era legal ser jovem. Ali estava a primeira geração de adolescentes que não ouvia a mesma música que seus pais, que finalmente tinha os próprios chamados tribais, os próprios heróis, a autovalidação — e o *ritmo*, aquela coisa que os deixou malucos, aquele *ritmo* louco.

Agora também é um bom momento para lembrar a bateria, mais especificamente os tambores, já foi um instrumento *ilegal*. E não por causa de um adolescente branco rebelde (com ou sem causa) — em determinada época a bateria era considerada uma força genuinamente perigosa, subversiva, um meio de comunicação e insurreição. Eis o que era estabelecido pelo Código dos Escravos da Carolina do Sul:

E ASSIM, É ABSOLUTAMENTE NECESSÁRIO PARA A SEGURANÇA DESTA PROVÍNCIA QUE TODOS OS CUIDADOS SEJAM TOMADOS PARA COIBIR AS ANDANÇAS E REUNIÕES DE NEGROS E OUTROS ESCRAVOS, EM TODOS OS MOMENTOS, E MAIS ESPECIALMENTE NAS NOITES DE SÁBADO, DOMINGO E OUTROS FERIADOS, BEM COMO O USO E PORTE DE ESPADAS DE MADEIRA E OUTRAS ARMAS MALICIOSAS E PERIGOSAS, OU O USO E MANUTENÇÃO DE TAMBORES, CORNETAS OU OUTROS INSTRUMENTOS BARULHENTOS CAPAZES DE CONVOCAR OU EMITIR SINAIS OU AVISOS UNS AOS OUTROS DE SEUS ESQUEMAS E PROPÓSITOS PERVERSOS.

Quando intrometidos sexualmente reprimidos, racistas e os autoproclamados guardiões contra a decadência moral declararam o novo rock 'n' roll um perigo para a juventude, eles estavam apenas replicando o que seus ancestrais já sabiam — que isso era coisa de *preto*. O rock 'n' roll tinha design africano, e quando você via um branco pobre sulista na televisão chamando-o de "música da selva", ele estava absolutamente certo. E havia algo de absolutamente sensacional nesse conceito.

Os folhetos religiosos na década de 1950 brotaram como ervas daninhas:

ROCK 'N' ROLL É A MÚSICA DO DIABO!
CUIDADO COM O RITMO HIPNÓTICO DO VODU!
NÃO DEIXE SEUS FILHOS OUVIREM DISCOS DE NEGRO!

O rock 'n' roll era considerado a raiz do assassinato, do vício em drogas e do estupro, a batida do tambor, uma pedra no sapato de segregacionistas e autoproclamados moralistas caucasianos. Um pregador topetudo e almofadinha que obviamente tinha alguma experiência em primeira mão com o material, exclamava na TV: "O rock 'n' roll contribui para a delinquência juvenil. Eu sei o que ele causa a você... Conheço o sentimento diabólico que você sente ao cantá-lo... Se você perguntar a um adolescente qualquer por que ele gosta dessa música, ele dirá: o ritmo! O ritmo!"

Até Frank Sinatra entrou na onda. Em 1957, ao desabafar para um tabloide europeu (e é óbvio que o texto foi rapidamente divulgado nos jornais norte-americanos), ele chamou o rock 'n' roll de "a forma de expressão mais brutal, feia, degenerada e depravada que já tive o desprazer de ouvir". E mirando em Elvis, acrescentou: "[O rock] promove reações quase totalmente negativas e destrutivas nos jovens. Cheira a cópia e falsidade. É cantado, tocado e escrito em sua maioria por valentões cretinos, e por meio de suas reiterações quase imbecis e letras manhosas, lascivas — na verdade sujas — como eu já disse, consegue ser o hino de todos os delinquentes de costeletas da face da terra". Claro que ele não estava *completamente* errado. De sua parte, Elvis respondeu sobriamente: "Se bem me lembro, ele também fazia parte de uma tendência. Não vejo como pode chamar a juventude atual de imoral e delinquente." Esse Elvis era *gente boa*.

———————

Você passou todos esses anos olhando as sombras na parede da caverna de Platão. Muitas histórias são contadas sobre o cara que caminhou na lua. Mas nem tantas sobre os caras que construíram o foguete. Vamos corrigir isso agora mesmo.

A década de 1950 foi uma época espetacular para os bateristas — o *jump and jive* estava incendiando o R&B e, igualmente, Ray Charles incendiava a linha que separava o velho mundo do novo.

O rhythm and blues da época, já impregnados de sexo, atingiu o ápice do frenesi orgástico em 1959, quando Ray explodiu com "What'd I Say" em toda a sua glória extasiante, alegre, propulsiva e baseada na música gospel. O irmão Ray pegava pesado com o arrebatamento do tipo profano — *oooh, ahhhh, baby feels so good* —, mas foi a batida louca de rumba de Milt Turner, com seu toque selvagem de pratos e tatuagens propulsivas de tom-tons, que deu à música sua leveza sem precedentes, seu *roll*.

Antes disso, o incrível Connie Kay entrou e saiu da banda de Ray Charles, notavelmente explodindo em "Mess Around", um dos primeiros sucessos de Ray (1953), e ainda um dos riffs de boogie mais agressivos e festivos já realizados. Também não podemos nos esquecer do que ele fez na batida de contratempo no precursor do rock 'n' roll blues gritado de Big Joe Turner, o totem do boogie-woogie, "Shake, Rattle and Roll" (1954) — mas ele é mais famoso como um cara do jazz, responsável por manter o swing do ultrassuave Modern Jazz Quartet ao longo de décadas muito bacanas.

Já Bill Peeples impulsionou a inovadora "I Got a Woman" (1954) de Ray — uma música retirada do cânone gospel e plantada firmemente no campo da luxúria (basicamente uma versão de "It Must Be Jesus", dos Southern Tones)[7] – e desacelerou a pulsação brutalmente medida em "Lonely Avenue" (1956), uma pulsação dura e suja que posteriormente o cantor e compositor Dr. John denominou de "junker blues", porque seu ritmo lento o fazia se lembrar de viciados em heroína em seu passo arrastado, mal conseguindo levantar os pés. É quase impossível de se tocar.

Todos esses bateristas eram jazzistas de coração — Bill Peeples até chegou a ter aulas com Philly Joe Jones,[8] o que faria total sentido se você estivesse de fato *escutando* música e não simplesmente *reagindo* a ela, afinal de contas é tudo a mesma merda: jazz, R&B, rock 'n' roll, gospel, blues, country, punk... como Little Richard já cantou, *"It ain't what you eat, it's the way that ya chew it."*[9]

Esqueça Elvis, Prince e Bowie; Little Richard estava em uma categoria à parte — um ultraje Negro desequilibrado com o cabelo para cima e ostentando mais maquiagem nos olhos do que Cleópatra. Quando ele apareceu em 1955, gritando ao piano — *a-wop-bop-a-loo-mop-a-lop--bom-bom!* — foi difícil não captar sua mensagem. Como disse o sábio certa vez: "Liberte sua mente e sua bunda seguirá o mesmo caminho".[10]

Os bateristas de Little Richard eram *monstros* — e a música dele certamente exigia nada menos do que isso. Richard fazia Elvis parecer

---

7 Elvis fez cover de "I Got a Woman" e "What'd I Say". Ele não era o tipo de cara que delimitava fronteiras entre o country, o R&B e o rock 'n' roll — ele simplesmente sabia identificar uma música boa no momento em que a escutava.

8 É uma história engraçada, e provavelmente apócrifa, mas já contada tantas vezes que seria negligente da minha parte não compartilhá-la aqui, para o caso de você nunca tê-la ouvido: nos anos 1960, Philly Joe Jones esteve em Londres ministrando aulas de bateria para alguns alunos selecionados; Keith Moon se inscreveu no curso e Jones concordou em encontrá-lo. Depois de instruir Moon a se sentar e tocar um pouco, Jones disse: "Quanto você ganha para tocar assim?" Quando Moon informou o valor, Jones respondeu: "Não permita que eu estrague as coisas para você."

9 Em tradução livre: "Não é o que você come, mas a forma como mastiga." [N. do E.]

10 "Free Your Mind... And Your Ass Will Follow", Funkadelic. [N. do E.]

manso. Sua música era altamente sexual, altamente negra, altamente selvagem para ser bem recebida, e muito menos compreendida, pelos Quadrantes da era Eisenhower enfurnados numa fantasia de flanela cinza e na prosperidade plástica fantástica dos EUA dos anos 1950. Pode até não ter causado a "desintegração de toda a nação", como um certo pregador religioso gostava de alertar, mas a promiscuidade era praticamente garantida. Aquele *ritmo* fez os jovens *enlouquecerem*. Letras sugestivas e ritmos propulsores soletravam P-R-O-B-L-E-M-A. E meninos e meninas dançando juntos resultava em muita fricção.

Felizmente, em Nova Orleans, onde Richard costumava gravar, provavelmente havia uma grande quantidade de ótimos bateristas per capita em comparação a qualquer outro lugar do mundo.

Charles Connor é o herói subvalorizado desta história, o profeta que nos deu a introdução de bateria mais empolgante e indelével de todos os tempos — o cruel e implacável som indescritível conhecido como "flattened out double shuffle", a explosão de rockin' and rollin' que se tornou o ponto de partida para o hit "Keep a Knockin", de Little Richard. Talvez ajude se eu lhe disser que John Bonham repetiu nota por nota na introdução da música pitorescamente intitulada "Rock and Roll", do Led Zeppelin.

Deve-se notar aqui também que os bateristas falam um idioma próprio[11] — formado por *flams* e *paradiddles* e *double time*, que não é o mesmo que um double shuffle —, mas por enquanto basta dizer que a banda de Little Richard foi o caldeirão onde a *síncope* e o *suingue* (que eram a alma do nascente rock 'n' roll), as batidas shuffle intrincadas que se infiltraram na era das big bands e dos bailes, começaram a se metamorfosear no *ritmo direto* que viria a ser predominante. Em termos musicais, ficou mais difícil para o baterista tocar *ting-ting-ta-ting* no prato de condução enquanto o pianista lunático tocava *DANG DANG DANG DANG!!!!!*

Foi meio que um Darwinismo rítmico. James Brown disse mais tarde que Connor foi "o primeiro a colocar funk no ritmo". Apesar de tudo

---

11 A propósito: o "a-wop-bop-a-loo-mop-a-lop-bom-bom!" de Little Richard também foi uma interpretação vocal inspirada no ritmo estridente de Connor.

isso, Connor permanece em grande parte uma figura desconhecida, mesmo entre os bateristas.

Já o outro grande baterista de Little Richard, Earl Palmer, não sofreu tamanha calamidade. Seu nome é celebrado não apenas por ele ter se tornado o cara preferido das sessões ao sair de Nova Orleans e seguir para Hollywood, mas também porque ele era único, um rei da autopromoção vociferante que era tão bom quanto prometia.

Palmer tocou em muitos dos maiores sucessos de Richard, mas também tocou na maioria dos sucessos o cantor e pianista Fats Domino. É de Palmer a magnífica bateria em "I'm Walkin'" e a batida pesada em "The Fatman", isso para citar apenas duas.[12]

Charlie Watts era um fã declarado de Fats Domino e Little Richard, mas no início dos anos 1960 ouvia-se mais sobre a influência de Earl Palmer na mais exuberante atuação de Ringo Starr com os Beatles. Earl Palmer contaminou praticamente tudo o que Ringo fez. Quando você ouvia Ringo, especialmente ao vivo, com o som prolongado de seus pratos abertos e detonando no bumbo — e não apenas nos covers de Little Richard ("Tutti Frutti", "Long Tall Sally", "Ooh! My Soul"), mas em todas as melhores e mais antigas perambulações dos Beatles pelo rock 'n' roll, desde "Twist and Shout", passando pelo enorme contratempo e shuffle enganosamente jazzísticos de "She's a Woman", até as bombas explosivas de bumbo em "She Loves You", ou a incrível entrada nos primeiros compassos de "I Want to Hold Your Hand" (logo antes de se enrijecer e se tornar uma coisa mais estéril) — você estava ouvindo o som de Nova Orleans borbulhando através do deslumbramento anfetamínico do Star-Club em Hamburgo, onde os Beatles ganharam experiência.

Charlie, por outro lado, encontraria o mojo para seu show nos Rolling Stones no South Side de Chicago, especialmente nos discos lançados (através da gravadora Chess) por Muddy Waters, Bo Diddley, Howlin' Wolf e Chuck Berry.

---

12 A discografia de Palmer inclui sessões com Sam Cooke, Eddie Cochran, The Monkees, Herb Alpert, The Beach Boys, Tina Turner, Frank Sinatra e muitos outros notáveis.

Os melhores bateristas de Chicago sabiam como cozinhar os andamentos lentos, e fazer um suingue preciso. Eles também sabiam esquentar qualquer salão de baile. Eram mestres do Hypnotic Shuffle e do Big Beat. O Latin Groove também se fazia presente. E nos blues mais profundos, o intenso balanço do Delta de Muddy e Wolf, eles conseguiam desafiar o tempo, pairando acima da batida da mesma forma como Michael Jordan desafiava a gravidade pairando no ar ao dar um salto.

Clifton James era o principal percussionista de Bo Diddley e, juntamente a Jerome Green — o lendário tocador de maracas —, construíram a batida de Bo Diddley do zero, aquela junção formando uma espécie de Megatron superbaterista.[13]

A música de Bo era feroz — não estava ligada ao jump blues e ao suingue, ou às mudanças do straight blues, estava mais voltada à pureza da *batida*. Bo era ao mesmo tempo futurista e primitivo, tocando sons da era espacial de profunda reverberação e tremolo sobre ritmos originados diretamente da África e batizados com o tom espanhol.[14] Era a jungle music[15] em sua essência, cada canção uma bomba sexual.

Mas de todos os heróis do selo Chess, aquele cuja marca era sentida de forma mais indelével nos Rolling Stones era Chuck Berry, incansavelmente venerado por eles.[16] Sem dúvida o marco zero do estilo de guitarra

---

13 JAMAIS SUBESTIME A IMPORTÂNCIA DAS MARACAS, OU DO TOCADOR DE MARACAS. Primeiro, sabe o quanto é difícil encontrar um tocador de maracas dedicado, um rapaz ou uma garota que fica feliz apenas tocando maracas, sem aquela necessidade ególatra de ser o fodão na bateria? Afora isso, você faz ideia de como é difícil tocar as maracas com precisão? Elas precisam estar no ritmo da bateria e contra a guitarra, ou no ritmo da guitarra e contra a bateria, pois esse é o verdadeiro segredo do ritmo de Bo Diddley, dentre outras coisas: *atrito*. Além disso, tente tocar as maracas tal como Bo Diddley por quarenta minutos seguidos sem infartar. Ser um profissional das maracas é um negócio seriíssimo.

14 O que a encarnação do jazz Jelly Roll Morton chamava de ritmo latino, afro-cubano fundamental: "Se você não consegue colocar toques espanhóis em suas músicas", dizia Morton, "jamais será capaz de conseguir o tempero certo, como eu chamo, para o jazz".

15 Jungle music é um estilo de dance music originário da Grã-Bretanha no início dos anos 90 e que incorpora elementos de ragga, hip-hop e hard core. Consiste quase exclusivamente em faixas de bateria eletrônica muito rápidas e linhas de baixo sintetizadas mais lentas.

16 Note-se também que, assim como os Stones, Chuck "venerava" Muddy Waters — Chuck se referiu a ele como "a maior inspiração no lançamento da minha carreira". É uma estirpe robusta.

de Keith, Chuck também teve um bom número de bateristas excelentes em sua banda ao longo do tempo.

Ebby Hardy, o primeiro baterista de Chuck, não era bonito — ele horrorizava multidões com seu sorriso de dentes tortos —, mas era um jazzista de tal liberdade e fluidez que mais tarde viria a desconcertar o próprio Charlie Watts, assim como a qualquer um que tentasse fazer um cover dele. Nos discos que fez com Chuck Berry, sua bateria era virtuosa e incomum demais para ser copiada. Músicas como "Come On" e "Bye Bye Johnny", ambas tocadas pelos Stones, pareciam rolar em algum universo alternativo — outra dimensão onde o bayou encontrava as luzes brilhantes do centro de St. Louis, um lugar em que a bateria não se restringia às regras usuais da gravidade.

Quando os Stones tocaram "Bye Bye Johnny", foi uma composição furiosa de rock 'n' roll, e eles a guiaram como se fosse um carro roubado, seguindo o próprio contratempo criminoso. Mas quando Hardy a gravou, não houve contratempo por assim dizer, somente uma pulsação insistente no "um", e a música ficou oscilando como uma dona de casa bêbada em uma festa importante. "Come On" tinha uma forma especialmente livre, doente, distorcida e estranha — se você tocar o single de 45 rpm em 33 1/3, soará como uma faixa de *Trout Mask Replica*.

Ao ouvir o groove funky e bombástico que Ebby estabeleceu em "I'm Talking About You", é difícil imaginar que era algo do mesmo cara que tinha tocado aquele contratempo no primeiro hit de Chuck, a loucura caipira hardcore de "Maybellene", praticamente um protótipo do Motörhead. Quando os Stones tocaram "Talkin' 'Bout You", o melhor a fazer foi simplificá-la em uma espécie de soul sujo. Eles chegaram mais perto de acertar em "You Can't Catch Me" e atacaram "Down the Road a Piece" com um suingue tão puro e forte que acertaram em cheio, mas o groove de Hardy vivia em algum submundo rítmico e era basicamente intocável.

Ebby é um daqueles sujeitos que parecem ter se perdido no nevoeiro da história — curiosamente ele não recebe nenhum dos elogios tão desfrutados por seus colegas na Chess. Chuck, um abstêmio, acabou demitindo-o por um dia se apresentar bêbado no palco, mas por vezes não resistia e o trazia de volta para gravações. Havia uma imprevisibilidade suave em sua forma de tocar que estimulava a música de Chuck com uma onda peculiar e irreprimível. Ainda fico arrepiado toda vez que ouço sua locomotiva categoricamente malvada e veloz na versão de Chuck de "Downbound Train", uma música sobre bebida, redenção e o diabo que chega bem perto de sair dos trilhos. Era, literalmente, uma coisa infernal, mas tocar daquele jeito não estava isento de desvantagens. Não era algo que funcionava bem para todos.

⸻

O indiscutível rei dos bateristas do Chess Studios era Fred Below, responsável por impulsionar os maiores sucessos de Chuck Berry, bem como alguns dos melhores de Muddy, Wolf e inúmeros outros. Tão grande é a influência de Fred Below sobre Charlie Watts e os Rolling Stones que em 2017, depois de mais de cinquenta anos, tendo começado a tocar blues em bares mofados obscuros, daí passando pelo hard rock, acid rock, country, disco e punk em estádios e arenas, e, finalmente, de volta ao blues, Charlie declarou: "Devo minha vida a Freddie Below".

Below entregava tudo: batida de blues com raízes de jazz, shuffles duplos descontraídos, um contratempo matador, expectativa, penetração e um propulsor de alta octanagem. Below era um mestre — se ele estivesse martelando um prego num compasso dois-por-quatro as pessoas fariam fila no bar para comprar bebidas e assisti-lo — e, assim como Earl Palmer, ele tinha aquela habilidade quase sobrenatural de soldar as batidas shuffle à moda antiga à nova telemetria rock 'n' roll sem jamais perder o suingue.

Fred Below era um nativo de Chicago que começou no ensino médio tocando com alguns amigos pitorescamente talentosos: o futuro pistoleiro do bebop Johnny Griffin, que viria a destruir o sax tenor junto a Art Blakey e Thelonious Monk, dentre outros, e Eugene Wright, que foi baixista de Dave Brubeck e criou aquela batida com métrica estranha do álbum *Time Out*.

Below foi convocado para o exército no final da guerra, em 1945, e quando voltou, frequentou a Roy C. Knapp School of Percussion — uma faculdade de música muito respeitável que tinha entre seus alunos alguns pesos-pesados e heróis de Charlie Watts, incluindo Gene Krupa, Louie Bellson, Dave Tough, Baby Dodds e, mais tarde, o ás dos músicos de estúdio, Hal Blaine. Ele voltou a se alistar e se juntou à Banda do Exército em 1948, daí ficou em Paris passeando pela cena do jazz antes de voltar para Chicago. Mas quando desembarcou em 1951, o bop já estava fora de moda, e ele rapidamente se tornou mais um jazzista que precisou acelerar o contratempo para tocar blues e R&B.

Foi um belo momento para o blues de Chicago. As bandas de South Side eram *extremamente* competitivas — todas queriam detonar. Below imediatamente se juntou aos irmãos Myers, Louis e Dave, em sua lendária banda The Aces, apresentando Junior Wells na gaita. Quando Wells saiu para se juntar à banda de Muddy Waters, Little Walter entrou em seu lugar. Below tocou na maioria dos sucessos de Walter ("My Babe", "Boom Boom, Out Go the Lights", "Just Your Fool" etc.), e mais tarde se juntaria a ele na banda de estúdio de Muddy, começando em 1954 e demarcando território juntamente a Below na contagiante "I Just Want to Make Love to You", que mais tarde iria se tornar um ultraje para os Rolling Stones.

Ao longo do caminho, Below se tornou uma espécie de arquiteto do estilo de Chicago, tocando prodigiosamente nas sessões da Chess com Muddy ("Mannish Boy", "Hoochie Coochie Man", "I'm Ready") e Wolf ("Wang Dang Doodle", "Spoonful", "Back Door Man"), isso sem mencionar Buddy Guy e Junior Wells, Otis Spann, Koko Taylor e muitos outros, incluindo o muitas vezes esquecido J.B. Lenoir, para quem ele contribuiu com um exótico toque africano, e cuja performance de "The Whale Has Swallowed Me" com Below pode ser facilmente incluída numa daquelas listas de coisas que você deve ver antes de morrer.

Mas Fred Below deixou sua marca tocando principalmente com Chuck Berry. Ele tocou em "Johnny B. Goode", além de "Roll Over Beethoven", "Too Much Monkey Business", "Sweet Little Rock 'n' Roller",

"Back in the USA", "Sweet Little Sixteen", "Memphis, Tennessee", "Let It Rock", "Little Queenie" e muitas mais, fornecendo aos Stones uma bela munição, sendo que as duas últimas se tornaram muito mais do que simples marcos nos shows posteriores dos Stones: eram um verdadeiro manifesto de propósito. Micromanifestos do fundamentalismo do rock 'n' roll.

***

Infelizmente, ao longo dos anos, o suingue foi abandonando o ritmo do rock 'n' roll. Quando Chuck Berry tocou "Roll Over Beethoven" com Below no banquinho do baterista, decididamente soava como um shuffle hard-country. A bateria em "Johnny B. Goode" *suingava* com a síncope do jazz e das big bands, mesmo quando a guitarra tocava *colcheias exatas*, que era o futuro do rock. Era uma abordagem sofisticada — mas se todos tocassem *na batida*, teria soado *monolítico*, tudo *rock* e nenhum *roll*, e então onde estaríamos?[17]

Pode colocar a culpa em todas essa bandas de blues branco de merda que parecem se sentir na obrigação de tocar cortando totalmente a síncope dos compassos, ou em um milhão de bandas de baile que são simplesmente ruins e não dão conta de manter o jazz em suas músicas. Ou você pode simplesmente botar a culpa nos Beatles, cuja versão de "Roll Over Beethoven" é vertiginosa e maravilhosa, porém carece de suingue.

E não foi apenas Chuck Berry que saiu perdendo no negócio. O The Doors diminuiu o poder da incisiva, angustiante e subversivamente sexual "Back Door Man" de Howlin' Wolf de maneira tão concisa que depois dessa a banda toda deveria ter sido mandada a Chicago para receber transplantes de coração. A versão que fizeram de Bo Diddley conseguiu ser ainda pior.

Em meados da década de 1960, as coisas estavam tomando um rumo desagradável: a ideia de que era fácil tocar essa merda havia se consolidado.

---

17 Bem, os Ramones conseguiram resolver isso, mas daí essa era a beleza deles. Nem todo mundo poderia ser um cubista de sucesso também.

Fundamentalmente, o blues é como uma pizza — tem poucos ingredientes e, no entanto, é surpreendente como ainda assim as pessoas podem estragar tudo. Você pode dobrar a "pizza" à sua vontade, como Charles Mingus, Ornette Coleman, Iggy Pop, Captain Beefheart e alguns outros fizeram, mas não pode mudar o fato de que vai precisar de massa, queijo e tomate para começar; e, sim, eu sei que existem pizzas sem molho de tomate, ou de mariscos, ou a *pizza rosso senza formaggio*, mas isso também não significa que os absurdos estejam liberados — coloque abacaxi na pizza e você vai estragar tudo. E não importa qual seja a tecnologia vigente, você vai precisar de um forno, de preferência um que utilize combustível vegetal sólido, como lenha ou carvão.

Quando Jim Morrison cantou sobre uma "back beat that was narrow and hard to master",[18] ele poderia muito bem estar criando pretextos para seu próprio baterista. Não importava seu status de superstar pop, a boa-fé da contracultura, suas pretensões de ser um Living Theatre ou suas distrações lisérgicas, no fundo, no fundo o The Doors representava o pior tipo de engodo no rock: uma banda de blues que não sabia tocar blues.

Era como uma epidemia em que as lições simples porém intrincadas do blues absorvidas por Brian, Keith, Charlie e Mick estavam sendo exterminadas por um único novo patógeno, ou seja, os egos das estrelas do rock.

Enquanto o pessoal do The Doors estava ocupado castrando "Back Door Man", o Cream estava chicoteando "Spoonful" impiedosamente — esta é uma das músicas mais meditativas e sombrias de Howlin' Wolf, um poema em tom modal de um acorde só dedicado a assassinato, drogas, amor e dinheiro. Nas mãos de Eric Clapton, Jack Bruce e Ginger Baker, ela tomou um veículo rumo ao auge, mas, em última análise, irrefletido para seus egos individuais, uma jam de vinte minutos que muitas vezes não passava de uma cacofonia atonal — algo não necessariamente ruim caso você fosse John Coltrane ou Cecil Taylor, mas o Cream não

---

18 Em tradução livre, "uma batida limitada e difícil de se dominar". [N. do E.]

QUANDO JIM MORRISON CANTOU SOBRE UMA "BACK BEAT THAT WAS NARROW AND HARD TO MASTER", ELE PODERIA MUITO BEM ESTAR CRIANDO PRETEXTOS PARA SEU PRÓPRIO BATERISTA.

era John Coltrane ou Cecil Taylor. Tão grande era sua indulgência individual, que às vezes sequer tocavam juntos; em muitas ocasiões o baixista Jack Bruce disse que eles não ouviam um ao outro, e o guitarrista Eric Clapton brincava dizendo que em algumas noites ele parava de tocar e ninguém na banda percebia.[19] Com "Spoonful", eles expulsaram o *roll* com sucesso, deixando nada além das falsas promessas de *rock*, e erigindo o seguinte questionamento musical: *será que não dava para ter encontrado um acorde diferente e deixado este em paz?*

O estrago ainda é sentido até hoje.

Não é irônico então que, em 1962 — quatro anos antes de se tornar o baterista avassalador do Cream —, Ginger Baker (um baterista de jazz incrivelmente talentoso, embora tradicional) tivesse recebido o convite para se juntar à Alexis Korner's Blues Incorporated, substituindo exatamente Charlie Watts, que já havia abandonado as próprias expectativas de tocar jazz para tocar blues?

Alexis Korner era o rei de uma pequena porém fértil cena do blues britânica em 1962 — um eixo de músicos que incluía Ian Stewart, Brian Jones, Jack Bruce e Charlie Watts, e fãs que incluíam John Mayall, Jimmy Page, Eric Clapton e Rod Stewart, isso sem falar nos outros Rolling Stones, que já se encontravam em sua primeira formação e estavam prestes a se tornar os queridinhos dos bailes.[20]

"Precisávamos muito de um bom baterista. Era uma sensação nítida entre nós", disse Keith mais tarde à revista [pitorescamente homônima] *Rolling Stone*. "A coisa do R&B começava a florescer e, certo dia, ao tocar

---

19 Mais uma prova de que tragédia somada a tempo é igual a comédia.

20 Essa história já foi contada detalhadamente muitas vezes: os colegas de escola Mick e Keith se reencontraram por acaso na estação ferroviária de Dartford e estabeleceram uma bela conexão construída sobre os discos de Chuck Berry e Muddy Waters que Mick carregava debaixo do braço. Logo eles montaram uma banda com Ian Stewart (um pianista de boogie-woogie que foi expulso do grupo no segundo em que eles começaram a sentir o gostinho da popularidade, pois *ele não tinha o visual de um Rolling Stone*, embora vez ou outra ele fosse convocado para tocar piano ou ajudar a colocar o equipamento na van, conforme necessário), e Dick Taylor (que mais tarde se tornou membro do insanamente bom Pretty Things), Brian Jones (a força espiritual da operação) e um baterista que não era Charlie Watts . Eles fizeram sua estreia com sua primeira formação estável em 1963.

em um clube, soubemos que outra banda também seria a atração daquela noite. Charlie estava na outra banda... nós fizemos nosso show e Charlie adorou. 'Vocês são ótimos, cara', ele disse, 'mas precisam de um baterista bom pra caralho.' Então dissemos: 'Charlie, não temos como te contratar, cara.' [Mas] ele topou e mandou a outra banda se foder, 'Eu vou tocar com esses caras'. E foi isso. Quando Charlie entrou no nosso time, ajudou demais. Começamos a fazer muitos shows."

E foi aí que as trajetórias de Charlie Watts e Ginger Baker se sobrepuseram por um instante. Ginger logo seria elogiado como uma espécie de super-herói da bateria, enquanto Charlie seguiria seu rumo mantendo o *roll* nos Rolling Stones, com pouca ou nenhuma fanfarra.

Houve outros grandes minimalistas em nossa cultura: impossível não pensar em Coco Chanel, bem como Monk, Miles Davis, Ramones, Keith Richards e os grandes bateristas da Chess Records, todos importantes porque provaram que menos quase sempre é mais.

3. NOT FADE AWAY

ALGUNS BATERISTAS NASCEM COM MUITO BOM GOSTO, já outros aprendem a ter bom gosto, enquanto outros têm o bom gosto imposto a eles. Charlie acertou o trio.

Quando Charlie se juntou aos Stones, ele ainda era um jazzista impenitente. "Charlie chegou ao rhythm and blues por causa de sua conexão com o jazz", lembra Keith Richards em seu extraordinário livro de memórias, *Vida*, "mas ele não tinha rock and roll naquela época. Eu queria que ele fosse mais vigoroso na maneira de tocar. Ele ainda soava muito jazz para mim. Sabíamos que ele era um grande baterista, mas para tocar com os Stones, Charlie estudou Jimmy Reed e Earl Phillips."

Reed, um interesse amoroso obsessivo de Brian Jones e Keith Richards, era o mestre do shuffle descontraído, e seu baterista, Earl Phillips, era praticamente indisciplinado em sua cadência sutil. Suas músicas eram enganosamente simples, mas quase impossíveis de se copiar se você quisesse tocá-las direito — o gigantesco contratempo e shuffles suaves de Phillips em "Honest I Do", "Big Boss Man", "Bright Lights Big City" e "Baby What You Want Me to Do" deram a Reed uma espécie de suingue incalculável, assustador, mas sem a condução insegura.[21]

Como a maioria dos grandes bluesmen de Chicago, Reed nasceu no Mississippi e carregava consigo a névoa pantanosa do Delta, mas diferentemente de Muddy ou Wolf, ele abandonou as notas mais grosseiras e rurais e acrescentou um jazz ágil ao seu som. Não é à toa que Charlie também se apaixonou por ele. Ele captou algo para o qual muitos caras menos humildes teriam torcido o nariz, dizendo o seguinte à revista *DownBeat*: "Keith e Brian me ensinaram tocando Jimmy Reed

---

21 Os shuffles de Phillips são hipnotizantes, não apenas nos discos de Jimmy Reed, mas também ocasionalmente com o rei dos modernistas primitivos, John Lee Hooker e muitos outros, contudo, mais notavelmente em algumas das meditações mais hipnóticas de Howlin' Wolf — "Evil", "Smokestack Lighting" e a indomável "Forty-Four", com sua intensa modulação rítmica.

constantemente. Reed e seu baterista, Earl Phillips, eram tão sensíveis quanto Paul Motian com Bill Evans." Ele ainda acrescentaria que Phillips era um dos grandes bateristas de jazz — uma coisa ridícula de se dizer, a menos que você seja um esnobe, mas Charlie nunca foi um *desses* fãs de jazz. E esta é mais uma razão pela qual Charlie Watts é o cara, porque ele sabia que a verdadeira magia morava no coração, e não nas mãos.[22]

Os andamentos daquelas músicas de Jimmy Reed são enlouquecedores — parece haver uma pausa extra entre a batida do bumbo e a da caixa, e ainda assim tudo tem seu encaixe, *seu suingue*, não cambaleia ou tropeça, e é exatamente o que leva os bateristas à loucura. É por isso que a maioria deles evita esse estilo — é muito mais difícil tocá-lo devagar do que rápido. Não se trata apenas das notas que você não toca, mas do espaço entre as que você toca. Muitos sujeitos não têm ideia do que fazer com esse espaço — e aí, no fim, eles acabam estragando tudo. É difícil para os jovens músicos compreenderem isso — *às vezes tudo o que você tem de fazer é não tocar*. Sinatra e os Stones sabiam disso, e é por isso que eles conquistavam as garotas.

Os Stones eram tão confiantes em sua abordagem dessa música impossível que muitas vezes abriram seus primeiros shows com um número ostentoso de Jimmy Reed. Isso mudaria mais tarde, é claro, quando eles

---

22 Havia muitos bateristas de blues tocando em Chicago e se infiltrando no ozônio de Charlie Watts, e seria uma pena não mencionar ao menos alguns deles. Odie Payne, mais um formado pela Knapp School, mestre do blues e assíduo no Chess Studio, que mais tarde entrou na banda de Chuck e tocou em "You Never Can Tell", "Promised Land" e "Nadine", mas cujos primeiros esforços se deram ao lado de Elmore James (outra obsessão de Brian Jones — no início da carreira, Brian usava o codinome "Elmo Lewis"), tocando em alguns dos blues mais icônicos de todos os tempos: "Dust My Broom", isso sem mencionar "The Sky Is Crying", "It Hurts Me, Too", "Shake Your Money Maker", e muitos outros. Mais tarde, Odie passou a maior parte do tempo do outro lado da cidade trabalhando para o selo Cobra e para os magos do blues do West Side, Otis Rush e Magic Sam (ambos foram gravados pelos Stones em seu disco de covers do século XXI, *Blue & Lonesome*). Francis Clay, outro jazzista que tocou com Charlie Parker antes de entrar na banda de Muddy (não é à toa que Charlie Watts o amava) é provavelmente mais conhecido por gravar a animada "I Got My Mojo Workin'". E o tom-tom em chamas de Frank Kirkland, que juntamente a Clifton James foi um dos bateristas originais de Bo Diddley, aparece em muitos de seus maiores sucessos (ele também viajava com a banda frequentemente). Ele também botou para quebrar com um dos meus favoritos, o menos conhecido ás da guitarra slide e que nunca tirava seu chapéu Fez, J.B. Hutto.

começaram a tocar para multidões maiores e entravam no palco investindo o máximo de energia,[23] mas, por enquanto, acho que seria bom tirar um instantinho para admirar a confiança e fé incomuns da banda em seu baterista, que se postava na frente de um bando de adolescentes aos berros e tocava esse tipo de groove tranquilo de boa para eles. Os Rolling Stones não *bajulavam*, eles *seduziam*. *Expectativa*, não *penetração*.

Apesar de todo o seu priapismo do blues — Brian Jones era especialmente dogmático quando se tratava de tocar blues e R&B em vez do rock 'n' roll espalhafatoso —, o primeiro single dos Rolling Stones foi um cover de Chuck Berry, e ficou péssimo.

Em 1963, as estrelas do rock da vez eram os Beatles, com a explosão cósmica dos Beatles, uma ocorrência anunciada alegremente com a introdução *boom-didda-bop-bop* no tom-tom que Ringo descasca no início de "She Loves You". Por sinal, um belo arranjo de bateria.

Dentro de um ano, os Beatles seriam tudo, e tudo seria Beatles. Quanto aos Stones, ainda estavam engatinhando, mas com vontade de andar eretos. Um crítico da época se referiu a eles como "cinco bugios incríveis que perpetram ataques musicais incríveis".

O single "Come On" foi ideia do empresário/produtor Andrew Loog Oldham, que queria empurrá-los para um território mais comercial, e de alguma forma rendeu um lance meio Merseybeat e açucarado, e aquela espetacular e divertida explosão de jazz e ritmo a la Ebby Hardy foi um rolo compressor.

Mick Jagger chamou o disco de "merda" e, como grupo, eles se recusaram a tocá-lo ao vivo, tamanho era o ódio por ele. No entanto, ven-

---

23 Mas eles nunca se afastaram muito de Reed, trazendo de volta "The Sun Is Shining" ao show gratuito feito em Altamont em 1969 (espremido entre as muito mais sombrias "Sympathy for the Devil" e "Stray Cat Blues"), e gravando sua punitiva "Little Rain" em seu álbum de blues posterior, *Blue & Lonesome*, em 2016. E alguns ainda dizem que alguns jamais se voltam às suas origens...

deu o suficiente para chegar ao 21º lugar nas paradas do Reino Unido com incríveis cem mil cópias e os levou em uma turnê com seu herói, Bo Diddley.

É difícil imaginar uma coisa dessas — os Stones abrindo para Bo Diddley, isso sem mencionar Little Richard, que também entrou na turnê depois de meia dúzia de shows. Era um pacote de shows, e os Stones tinham dez minutos para tocar, dez minutos para retirar os equipamentos e criar um pandemônio.[24] Eis o set de um show típico: "Money", "Poison Ivy", "Fortune Teller", "Route 66" e alguma música de Chuck Berry que não foi single deles, como, por exemplo, "Roll Over Beethoven" ou "Memphis, Tennessee". Eles estavam no rumo certo, A Maior Banda de Garagem do Mundo!

Mais importante, Keith, Charlie e Mick puderam assistir a Bo Diddley todas as noites, e daí eles *aprenderam*, minha nossa, eles *aprenderam pra valer*.

Bo Diddley não era apenas o progenitor de um rock do pântano original africano e do blues futurista, ele era um cafetão filho da puta cujas músicas exalavam cheiro de suor e sexo, sua lavagem hipermoderna de guitarra rítmica, seu boogie tropical, sua vibração e agitação explosivas, tudo um poderoso chamado para o acasalamento que parecia extrair seu poder dos antigos deuses da fertilidade, dos alienígenas do espaço e das raízes de John o Conquistador. Ele também era um gênio do bom e velho show business.

O fato de a outra guitarrista de sua banda, Norma-Jean Wofford — apelidada de The Duchess (A Duquesa) — ser uma mulher escultural de surpreendente pulcritude, charme e talento não prejudicava o show em nada. Tampouco seu macacão de lamê dourado e sua guitarra customizada Gretsch, um incrível instrumento de seis cordas com barbatanas de Cadillac.

---

24 Os Everly Brothers foram uma das grandes atrações em um show que também contou com a comediante e cantora britânica Julie Grant, a logo esquecida banda Flintstones, o cantor pop e futuro produtor de estrelas Mickie Most e, claro, Little Richard, Bo Diddley e os Rolling Stones.

Bo estava muito à frente de seu tempo ao contratar guitarristas do sexo feminino, e não apenas para embelezar o palco — antes de The Duchess entrar na briga, o posto era preenchido por Lady Bo (Peggy Jones), que era capaz de competir de igual para igual com Bo não apenas em movimentos provocativos, mas na boa e velha habilidade com a guitarra, se entregando à Antiga Arte de Tecer com o próprio homem.

No final dos anos 1950 e início dos anos 1960 era inédito ter mulheres tocando no palco com os homens. O que estava em voga na época eram os grandes grupos femininos, como The Shirelles e The Ronettes, e nenhum deles se armava de guitarras elétricas. Essa era exatamente a linhagem do erotismo Negro primitivo que Mick e Keith mantinham, pelo menos até as drogas tomarem conta deles.

E aquela batida, ah, aquela *batida!*

Quando os Stones voltaram dessa turnê, lançaram seu segundo single, uma cantiga de segunda mão repassada por seus amigos John Lennon e Paul McCartney, "I Wanna Be Your Man". Este já se saiu um pouco melhor do que "Come On", mas apesar dos melhores esforços de Brian Jones para sujar a música com um tiquinho de slide guitar, ainda era doce demais para garotos que ansiavam por se tornar homens.

O terceiro single, no entanto, foi o estouro — o cover de Buddy Holly, "Not Fade Away", que alçou o terceiro lugar no Reino Unido e abalou as paradas norte-americanas na 48ª posição, impulsionado pela batida perversa de Bo Diddley nas mãos de Charlie. E soou deste jeito:

SEXO!

SEXO!

SEXO!

SEXO! SEXO!

Eles tinham aprendido direitinho. Até acertaram as maracas, esfregando-as contra a bateria, dando o atrito da expectativa. E Mick não fez questão nenhuma de maneirar nas palavras:

I'm gonna tell you how it's gonna be,
You're gonna give your love to me.

Era libertinagem pura, beirando o lascivo. E é um fenômeno estranho — muitas vezes as pessoas ouvem suas *recordações* e não a *música em si*, e assim elas se lembram *errado*. É fácil cair nessa armadilha. Talvez você se lembre de que a versão original era um rock, se assim for, mas sua memória foi enganada pelos Rolling Stones, que transformaram a música de um galã adolescente em uma trilha sonora troglodita para o romance do homem das cavernas e com isso estabeleceram o padrão para todas as outras versões cover que vieram a seguir.[25]

A gravação original de "Not Fade Away" de Buddy Holly era um lance descontraído, e não um rock barulhento. Flores, e doces e não uma exigência psicossexual. Jerry Allison, o baterista de Buddy Holly, era um dos melhores do ramo, a representação da humildade que podia muito bem bater palmas ou tocar no contratempo, não importava o que a música pedisse. "Peggy Sue" foi sua exibição mais espetacular, um fluxo livre e fácil de paradiddles — *direita, esquerda, direita, direita, esquerda, direita, esquerda, esquerda* — tribal e groovy, e o tipo de técnica rudimentar impecável que dificilmente vemos na bateria de rock. Ele tinha a suavidade e fluidez de Joe Morello ou Gene Krupa e jamais exagerava, mesmo que a música parecesse construída a partir da bateria.

---

25 A propósito, a banda canadense de fantasia progressiva Rush escolheu "Not Fade Away" para seu primeiro single, embora eles defensavelmente fossem uma banda muito diferente em 1973, antes de o baterista Neil Peart entrar no grupo e ajudar a traçar seu futuro. Passando longe dos arranjos complexos e da técnica polida que tornar-se-ia sua marca registrada, esse primeiro single soa como um anúncio de um parque de diversões ou um cereal matinal açucarado. Não é de se admirar que o Rush tenha decidido abandonar o blues e seguir para a ficção científica e o rock progressivo — era mais fácil de tocar.

Charlie adorava Jerry Allison. "Ele não toca bateria de fato", disse ele. "Ele toca as músicas, e isso é muito mais importante no contexto da dita música. Se você está tocando para um compositor, isso é muito mais importante do que possuir toda a técnica do mundo."[26]

Allison também era um baterista habilidoso. Tanto que, ao gravar "Not Fade Away", sua batida de Bo Diddley era pesada demais para a leveza de Holly, sua técnica ameaçava enterrar os vocais de fundo açucarado à la Jordanaires e assim desperdiçar a vibe de abraços e beijos de Holly. Para resolver o problema, Allison acabou tocando sua parte usando caixas de papelão no lugar da bateria.

Mesmo assim, o ritmo ficou impecável. O senso melódico de Allison e sua crença na música o colocava na mesma categoria de Max Roach e Levon Helm, dois bateristas que elevariam o papel da bateria ao entrar na música — Roach, como progenitor do bebop, e Helm, nas manifestações do rock-raiz na The Band, como o maior baterista cantor de todos os tempos, capaz de fazer apoio ao seu fraseado vocal mais matizado, nota por nota, tocando a melodia, provando que, *se você estivesse tocando a melodia, não precisava contar o tempo da música.* Parecia perfeitamente natural, mas nem mesmo um em cada cem bateristas era capaz de fazer isso.

E foi com essa rajada de vento de cauda, um disco de sucesso que ostentava "amor maior que um Cadillac" — que soa muito mais sujo na boca de Mick do que jamais poderia na voz de Buddy Holly — que os Rolling Stones decolaram para conquistar os Estados Unidos.

Foi uma péssima turnê. Onze shows, tomada pelo caos e, quando fizeram sua estreia na TV norte-americana, tiveram de sofrer nas mãos de Dean Martin. Pelo menos nessa viagem eles conseguiram realizar um sonho: gra-

---

26 Buddy Rich, um produto das big bands e muitas vezes celebrado como "o maior baterista do mundo" não via dessa forma, e certa vez declarou: "Acho que o baterista tem que sentar lá e tocar bateria, e não importam as músicas, ele deve simplesmente subir no palco e detonar."

var pela Chess Records em Chicago e conhecer Muddy Waters, que estava em uma escada pintando o teto lendariamente quando os Stones entraram e, sem alarde, disse a eles que gostava do que estavam fazendo com a música dele. Muddy era mais um que não tinha tempo para egos inflados. Mais tarde, ele ajudaria a banda a tirar alguns amplificadores do carro.

Quando a turnê acabou, eles ficaram no Apollo Theatre assistindo a James Brown, que estava lá naquela semana, fazendo cinco shows por dia.

Vou repetir: *uma semana de James Brown, cinco shows por dia*.

Charlie passou um tempinho no Apollo com Mick e Keith, mas, fiel à sua escola, também saiu da reserva e cruzou os clubes de jazz de Manhattan, conseguindo ver Miles Davis com Tony Williams. Também viu Gene Krupa, Earl Hines, o excelente grupo de hard-bop de Max Roach com Sonny Rollins e Mingus com Dannie Richmond na bateria, que em seu tom mais febril soava como um Ray Charles enlouquecido.

Mingus era um mágico que nunca abandonara suas raízes no blues e no gospel. De todos esses gigantes, pode ser que Mingus e Richmond — que ele veria muitas vezes — tivessem o maior efeito latente no modo de tocar de Charlie, quer ele percebesse ou não. A banda de Mingus sabia se aproximar bastante do rock 'n' roll, e quando os Stones começaram a explodir no final dos anos 1960 e início dos anos 1970, dava para ouvir vibrações distantes, mas harmoniosas, do próprio blues desregrado de Mingus, nas partes ascendentes de shuffle com stop-time, que decolaram em "Midnight Rambler" e nas partes mais soltas de *Exile on Main St*.

Enquanto isso, James Brown dava a Mick muitas dicas sobre o ramo, e Mick retribuía com seus melhores movimentos de dança. Quando os Stones voltaram aos Estados Unidos no final daquele ano, Mick estava fazendo a dança de James Brown e os Stones estavam brigando com ele para decidir quem iria tocar antes de quem em uma gravação de TV. Tudo isso fez parte da evolução dos Stones — lições e posturas aprendidas em primeira mão com os deuses do jazz e do R&B, conhecimento muito mais valioso do que qualquer seda do oriente.

No ano seguinte, quando apareceram no programa de TV americano *Shindig!*, eles exigiram, tal como terroristas do blues, que Muddy ou

Howlin' Wolf fizessem uma aparição com eles. Wolf então fez o show, e eles se sentaram literalmente aos pés dele, como uma espécie de Hillel Academy para estudantes de blues de vinte e poucos anos.

———————

Quando os Stones fizeram sua primeira apresentação na televisão norte-americana, em 1964, no programa *Hollywood Palace* apresentado por Dean Martin, tocaram sua versão mais sexy de "I Just Want to Make Love to You".[27]

Ficou muito nítido que não era bem a mão que os Rolling Stones desejavam segurar. Eles não estavam interessados em nenhuma carícia desajeitada. Eles não queriam que você cozinhasse ou limpasse. Eles nem se importavam com quem mais você estaria transando.

I don't want you to be true,
I just want to make love to you

Era o que você chamaria de "mensagem clara". Existe uma bela dose de poder nessa coisa de anunciar as próprias intenções.

Quando Muddy gravou com Fred Below na bateria, foram apenas preliminares. Até a gaita descontroladamente distorcida de Little Walter,

---

27 Devemos notar que esta, como muitas das melhores canções gravadas na Chess Records, foi escrita pelo grande Willie Dixon, um compositor de tal poder que reivindicou o próprio Great American Songbook, juntamente a Gershwin, Porter e Berlin: ele é o grande responsável pelo vasto repertório de canções de blues aperfeiçoado em Chicago e posteriormente adotado (com diversos graus de sucesso) por músicos de rock espalhafatosos. Alguns de seus sucessos mais conhecidos dentre os quinhentos escritos incluem "Hoochie Coochie Man", "Wang Dang Doodle", "Bring It on Home", "Evil", "I Ain't Superstitious", "Little Red Rooster", "Spoonful", "You Shook Me", "I Can't Quit You Baby" e "Whole Lotta Love", que ele "coescreveu" com o Led Zeppelin, o que significa que eles relutantemente lhe deram um crédito de composição depois que foram flagrados usandos as bases da música "You Need Love" e foram sumariamente processados. Também devemos mencionar que o sujeito era uma potência no baixo, um dos melhores de todos os tempos, e ajudou Chuck, Bo, Muddy e Wolf na maioria de seus discos, merecendo tanto crédito ou mais do que qualquer um por ser o cérebro por trás do som clássico do blues de Chicago. Mas você já sabia disso.

que parecia um avião a jato pousando ao seu lado na cama, fez tudo muito lascivamente. Quando os Stones aceleraram o ritmo e injetaram o tom espanhol, ainda era inconfundivelmente sobre *expectativa* — uma *expectativa tensa*, mas ainda assim a expectativa, e parecia capaz de explodir *cedo demais*. Era algo que todo adolescente conseguia entender.

Era *Diddleyficado* e *Muddificado*, era *suingue* e era *porrada*, era *rock* e era *roll*. Dava para ouvir em cada batida e pancada exatamente por quê eles queriam e precisavam de Charlie — seu pulso suingueiro era perigoso em qualquer velocidade.

Já Dean não se animou. É provável que ele sequer tenha se dado ao trabalho de ouvir. "Eles não são ótimos?", balbuciou, bêbado, depois que tocaram, fazendo um notável e sarcástico revirar de olhos.

Dean era um dinossauro prestes a ser extinto, e quando o assunto era esse rock moderno ele era como seu amigo Sinatra, cool demais para a nova escola. Ele fez algumas piadas bêbadas sobre cabelos compridos e depois babou em sua bebida, jogando três folhas de papel no ar. "I've been rolled while I was stoned",[28] gargalhou. Risadaria geral.

Dean Martin era um babaca. Talvez alguém, em algum lugar, o considerasse um bêbado simpático, mas falando sério, *quem insulta seus convidados assim?* Que tipo de idiota recebe jovens músicos em seu programa de TV *e depois zomba deles?* Mas aquele era o retrato do establishment do entretenimento. *Amedrontado.* Mas eles tinham que ter medo mesmo — faltou pouco para Dean Martin passar o restante da vida com a marca da guitarra de Keith gravada em sua fuça.

Bob Dylan escreveu *"Dean Martin deveria se desculpar com os Rolling Stones"* no encarte de *Another Side of Bob Dylan*, lançado naquele verão — porque, em 1964, a capa de papelão de um disco fonográfico de doze polegadas era um método conveniente de comunicar indignação. Era uma época estranha, de fato. Tudo parecia prestes a explodir.

---

28 Em tradução livre: "Fui enrolado enquanto estava chapado."

Quando os Stones retornaram aos Estados Unidos alguns meses depois, fizeram sua estreia no *The Ed Sullivan Show*. Ele ficou igualmente horrorizado.

Quando os Beatles apareceram pela primeira vez no *The Ed Sullivan Show*, cerca de oito meses antes dos Stones, a coisa mais subversiva neles é que os adultos já gostavam da banda.

Os "anos sessenta" ainda não haviam se consolidado tal como eram. Os Beatles não faziam parte de nenhum tipo de contracultura, faziam parte do establishment — eles eram *aprovados por adultos*. Não se tratava de revolução, tratava-se de abraçar o produto por atacado.

Eles já tinham aparecido na televisão várias vezes, sempre fazendo "seus lances": sacudindo as cabeleiras e contando piadas aprovadas pela Rainha da Inglaterra em alguma apresentação via Royal Command Performance[29] — um espaço bem difícil de se conseguir. Eles foram inteligentes, não foram aos EUA antes de terem um sucesso número 1 genuíno. Tudo foi planejado, programado e nada punk — eles eram fofos e adoráveis, incompreendidos apenas pelos velhos haters quadradões. Mas careciam de *perigo*. Elvis, the Pelvis tinha entrado e saído do exército, e agora estava ocupado fazendo filmes cada vez mais absurdos, e Little Richard havia encontrado Deus. A primeira crise do rock 'n' roll tinha desaparecido e, de alguma forma, a ameaça do som Negro não havia tomado conta da América.

Velhos *resmungavam* contra os tais dos Beatles porque eles tinham cabelos na altura dos colarinhos, mas daí estamos falando dos quadrados e os rígidos que tornar-se-iam modernos rapidamente ou que terminariam socialmente isolados, com sua relevância ganhando aproximadamente a mesma expectativa de vida de um porco em um matadouro.

---

29 Qualquer apresentação de atores ou músicos que ocorre sob a direção ou solicitação de um monarca reinante do Reino Unido. [N. do E.]

Os Beatles, na verdade, estavam muito bem preparados. Até a franja deles era perfeita. E quando apareceram pela primeira vez na televisão norte-americana, no *The Ed Sullivan Show*, em fevereiro de 1964, diante de um auditório cheio de jovens recém-chegadas na puberdade aos berros (e de setenta e três milhões de telespectadores em casa), a profundidade da sexualidade da banda, pelo menos publicamente, ficava ali nos versos de "I Want to Hold Your Hand".

E isso é algo que sempre me mata: dentre as músicas que eles tocaram para Ed Sullivan e os Estados Unidos em seu grande lançamento estava "Till There Was You", uma seleção do popular musical da Broadway *The Music Man* — o mesmo velho pedaço de merda que nos deu porcarias caipiras como "76 Trombones".

Não era rock.

Não era roll.

Era *alegrinho*, e se você se pergunta se aquilo combinou com o show, ou quem eles estavam tentando seduzir, bem, eu lhe digo: adultos, isso mesmo, a porra dos *adultos*. Era um meneio de cabeça e uma piscadela rumo à segurança, e jamais permita que alguém fale o contrário.

Os Beatles eram *convencionais* — o que neste caso quer dizer que qualquer um poderia assisti-los e se sentir moderno — e aprovados pela classe média, razão pela qual tantos jovens inspirados de repente puderam comprar guitarras no dia seguinte. Porque *seus pais aprovaram*, e seus pais eram os donos da grana.

Os Beatles foram a razão pela qual um zilhão de bandas nasceram, desde o Black Sabbath aos Ramones — pelo amor de tudo o que é sagrado, parece que todo mundo que assistiu àquele show decidiu sair, comprar uma guitarra e formar uma banda NAQUELE MESMO DIA.

As garotas eram loucas por essa coisa de guitarra, e os caras eram loucos pelas coisas pelas quais as garotas eram loucas. E aqueles que não tinham talento o suficiente para tocar guitarra eram levados ao ramo da bateria. Eis uma das tristes verdades que os bateristas tiveram de suportar: eles sempre eram tratados como os quiropráticos da indústria da música.

Pessoalmente, o rock 'n' roll não é algo que eu ouvia com a minha família. Não era assim que o mundo funcionava. O rock 'n' roll deveria colocar os adolescentes contra os pais. O rock 'n' roll era para libertinos, canalhas e encrenqueiros. Essa era a ordem correta das coisas.

Quando os Stones tocaram no *The Ed Sullivan Show*, parecia que Mick tinha acabado de sair da cama e vestido a primeira coisa que encontrara,[30] e sabe-se lá quem ou o quê ele deixou enrolado em meio aos seus lençóis sujos. Eles eram radicalmente diferentes dos Beatles, que eram tão arrumados que pareciam prestes a ser levados ao Westminster Dog Show para pegar suas medalhas. Charlie, é claro, sempre elegante, manteve a linha. Ele era um homem de verdadeiro estilo. E não sorria muito quando tocava. Os melhores jazzistas nunca sorriem.

Quando os Beatles tocaram Chuck Berry, foi adorável, uma diversão para a família. Quando os Stones tocaram Chuck, pareciam estar cometendo um crime. Os Beatles também careciam de um tiquinho de *je ne sais quoi* em sua performance ao vivo: eles não tinham nenhum garoto bonito manuseando o microfone como se fosse um pau quente.

Através de uma versão divertida de "Around and Around", de Chuck Berry, uma música que fala da polícia acabando com uma festa que durou a noite toda, e a persuasiva (e tocada em velocidade diferente) "Time Is on My Side" — conhecida no meio como "ímã de boceta" — dava para sentir o cheiro do sexo dos Stones exalando da tela da televisão. Eles soavam como *negros*, e isso não passou despercebido. Houve um pandemônio no estúdio — os gritos das garotas levaram Ed à beira da insanidade — e não restou mais nenhum assento seco no auditório, mas isto ainda fez pouco jus à indignação posterior dos "adultos".

Telegramas e telefonemas raivosos dos ofendidos e guardiões da moral começaram a pipocar, e quanto a Ed Sullivan, que havia endossado totalmente os Beatles (e também Elvis), só lhe restou declarar que "os Rolling Stones nunca voltarão ao nosso programa. Se as coisas não forem controladas, vamos acabar com a brincadeira. Não vamos mais chamar grupos de rock 'n' roll e vamos banir os adolescentes do auditório (...) Levei dezessete anos para construir este programa e não vou destruí-lo em questão de semanas!"

---

30 Obviamente, sua assinatura da revista *DownBeat* havia caducado.

Aparentemente, porém, os Stones eram lucrativos para os negócios, e assim Ed os convidou mais seis vezes, o ápice em 1969, quando encerraram sua participação com "Gimme Shelter", "Love in Vain" e "Honky Tonk Women", e nessa época os Beatles já estavam fora da estrada há alguns anos, tendo desistido completamente de continuar a ser uma banda que tocava ao vivo. É por isso que os Rolling Stones sempre serão os superiores dos Beatles — porque eles *tocavam*.

Quando Muddy Waters cantou "I Just Can't Be Satisfied", os Rolling Stones estavam escutando. Ou talvez tivessem aprendido com Chuck Berry, que cantava "*I don't get no satisfaction from the judge*" em seu rock country-blues "Thirty Days". Quem sabe, eles certamente conheciam bem ambas as músicas.

Mas somente quando Deus apareceu para Keith Richards em um sonho — o mesmo Deus que havia entregado sinfonias e serenatas para Mozart, e funks para James Brown, com Mozart e James sendo autodeclarados receptores de Suas grandes obras — e lhe entregou o riff inicial de "(I Can't Get No) Satisfaction" foi que tudo começou a fazer sentido.

Felizmente para Deus, e para os adolescentes em todos os lugares, Keith foi esperto o suficiente para acordar e cantarolar o riff em seu pequeno gravador portátil Philips antes de voltar a dormir — o gravador era a tecnologia mais moderna daquela época, e um brinquedo que viria a se tornar grande parte da receita secreta quando Keith começou a abusar dele para distorcer o som de seu violão. Falaremos mais sobre isso depois. A canção que ele tocou naquela noite, meio sonolento, foi responsável por *criar* os Rolling Stones.

Mas se "Satisfaction" não era exatamente um exemplo clássico de *expectativa*, então certamente era de *frustração*. Só que agora os Stones sabiam qual era a meta — *satisfação* ("satisfaction") não era o que enchia os teatros; na verdade, a *falta* de satisfação era aquilo que os atraía e os deixava ávidos por mais.

Esse foi o ápice da primeira fase dos Stones. "Satisfaction" consolidou a banda — foram número 1 no Reino Unido! Número 1 nos Estados

Unidos! Número 1 na Itália! Na Alemanha! No mundo! —, e funcionou igualmente como um novo parâmetro para Charlie Watts, que não coloca suingue em "Satisfaction" por mais que a deixe no ritmo mais lento possível, desafiando todos os conceitos esperados de um refinado baterista de rock 'n' roll (que dirá de um baterista de jazz!). A versão de estúdio da música já era uma porrada no status quo, mas tocada ao vivo era um ataque ao mundo moderno, implacável, agressiva, intencionalmente confrontadora, a primeira música de punk rock de verdade.[31]

---

31 Você pode dividir como quiser, mas "Satisfaction" foi o início de tudo. Quero dizer, pode-se argumentar que a bolsa estourou e o parto se deu com "Surfin' Bird", dos Trashmen, em 1963, uma explosão ridiculamente exagerada de entusiasmo, subversiva em suas letras infantis e no abuso implacável de reverb e eco, mais tarde abraçada pelos The Cramps e pelos Ramones, porém, é bom lembrar: ser adotado por punks não necessariamente faz de você um punk. Eddie Cochran, Link Wray, os Troggs ou uma série de outros visionários originais. Bob Dylan definitivamente se revelou punk quando desencadeou alguns dos ataques mais agressivos, conflitantes e antiestablishment já perpetrados em um monte de tradicionalistas de jazz no Newport Folk Festival de 1965, quando aumentou o volume e anunciou que "não seria mais visto trabalhando na Maggie's Farm" (um trocadilho com a letra da música "Maggie's Farm"), porém não foi mais *punk rock* do que acusações em "Subterranean Homesick Blues" ou "Positively Fourth Street", tão incendiárias quanto a primeira ou venenosas como a segunda. Em 1964 e 1965, uma forma mais pura da arte começou a se infiltrar — o pessoal do The Kinks certamente foi cruel com "You Really Got Me", mas no final do dia ainda era apenas uma música sobre uma garota, não expressava nada de revolucionário ali. Naquela época, o The Who estava preparando sua primeira grande explosão pop — "My Generation" definitivamente se qualificava para tal, mas só saiu um ano depois, e o MC5, cuja energia empolgante seria o suficiente para fazer decolar mil espaçonaves, estava só começando, assim como o Velvet Underground (que buscava uma linha de ruído decididamente mais sombria). Os melhores candidatos para "a primeira banda de punk rock" naqueles anos eram The Sonics, de Seattle (cujo baterista, Bob Bennett, tocava com a "batida space-plus"), e especialmente The Monks, cujo rock de ódio vanguardista e a determinação de ser a banda menos atraente possível (todos os membros raspavam a cabeça e se vestiam como verdadeiros monges medievais) os inseriam em uma classe própria quando lançaram seu manifesto auditivo *Black Monk Time*, em 1966. Ou os peruanos loucos por surf Los Saicos, cuja música "Demolición", de 1965, é frequentemente citada pelos entusiastas por cultura inútil como uma progenitora do punk rock (afinal de contas, a letra diz que eles vão demolir uma estação de trem) — ou qualquer uma das centenas de bandas de garagem que surgiram na esteira da Beatlemania, gravando músicas inovadoras altamente enérgicas que mais tarde serviriam de inspiração para músicos de jazz e protopunks, especialmente quando começaram a aparecer em compilações como *Nuggets* e *Back from the Grave*. O que leva ao seguinte questionamento musical: *Se uma árvore cai em uma garagem, que som ela realmente faz?* (Uma analogia à questão filosófica: "se uma árvore cai na floresta e ninguém está perto para ouvir, ela fez barulho?") Indiscutivelmente, "Satisfaction" foi a primeira música punk a explodir na consciência do público de um jeito marcante, e aí você deve se perguntar: sem "Satisfaction" para servir de guia, o MC5 teria chegado ao riff de "Kick Out the Jams"? Não importa, estou adotando a abordagem de Justice Potter para o punk rock aqui — eu reconheço quando vejo.

O filme da turnê de 65 pela Irlanda — *Charlie is my Darling* — é um documento cru e maravilhoso da banda levando multidões ao êxtase com sua fórmula fora da lei de soul, blues e agora "Satisfaction" e, tal como o título (tirado de uma balada escocesa popular do século XVIII) indica, um sólido primeiro movimento que coloca Charlie na frente e no centro, porque, mesmo naquele momento, eles *sabiam*.

Antes de "Satisfaction", Charlie estava evoluindo constantemente — em *Out of Our Heads*, ele captou o estilo soul cool de "Mercy, Mercy", de Don Covay, e o estilo Motown em "Hitch Hike", de Marvin Gaye,[32] e em *December's Children (And Everybody's)* ele ampliou a vibração na versão hipercinética de "She Said Yeah", de Larry Williams, e na versão ao vivo incrivelmente groovy de "Route 66".[33]

Mas "Satisfaction" foi um riff esmagador do mais alto nível, cinco notas — ou três, a depender de como você faz a contagem — que mudaram o mundo. Beethoven fez isso em quatro, mas isso é passado, estamos falando do agora. "Satisfaction" foi transformacional. Foi transcendente. Certamente não era o soul ou o blues puro que havia formado a banda, embora tivesse algo em comum com ambos, e este sem dúvida é o motivo pelo qual Otis Redding achou tão fácil adotá-la. Mas na boca de Mick e nas mãos dos Stones foi o Big Bang, e Charlie Watts estava no centro do acontecimento. Phil Spector disse certa vez que "Satisfaction" não era apenas uma música, mas uma "contribuição".

Eles voltaram rapidamente com "Get Off of My Cloud" — não no mesmo nível de "Satisfaction", mas com um ótimo gancho de bateria que

---

[32] Marvin, ele mesmo um baterista sazonal da Motown, tocou nesta, embora fosse criminoso não mencionar outros virtuosos: Benny Benjamin, o principal homem da Motown na bateria em muitos de seus primeiros sucessos, e parte da equipe que ficou conhecida como Funk Brothers. Benjamin, outro jazzista voltado para o R&B, que lutava contra o alcoolismo e morreu jovem demais, aos 43 anos, em 1969. Quando a saúde de Benjamim começou a definhar, Uriel Jones e Richard "Pistol" Allen assumiram o controle, mas o groove do primeiro era tão grande que sua influência foi sentida o tempo todo detrás do kit — e a influência dos três no soul, R&B e para os Rolling Stones é praticamente inimaginável.

[33] Aqui, refere-se aos lançamentos norte-americanos, pois deve-se lembrar que há diferenças entre as edições do Reino Unido e dos Estados Unidos.

os apontava na direção certa. Ainda carregavam um pouco daquela sujeira barroca — eu culpo os Beatles por puxá-los para o lado sombrio com porcarias como "As Tears Go By" e "Lady Jane" — mas as outras músicas eram brutais, puro suingue, e mostravam bastante o jazz de Charlie, especialmente as reações psicóticas de "19th Nervous Breakdown" e "Have you Seen Your Mother, Baby, Standing in the Shadow?"

Nos últimos dois discos com Brian, antes que as coisas saíssem completamente dos trilhos, brotaram ótimos arranjos de bateria, principalmente em *Between the Buttons* — "My Obsession" e "Complicated" são reverenciadas entre os roqueiros de garagem por suas batidas primitivas e pesadas, e a sedutora "Miss Amanda Jones" foi precursora do que estava por vir, com Charlie enfrentando diretamente uma guitarra rítmica muito agressiva. A cada álbum, Charlie parecia mais e mais no controle de tudo.

Havia agora um raio intenso de eletricidade que corria diretamente de Chico Hamilton para Muddy Waters e Chuck Berry até uma nova forma de música rítmica moderna que não se contentava mais com o suingue no sentido convencional. Os Rolling Stones estavam cauterizando a lacuna entre o passado e o futuro, e era Charlie Watts quem ditava a batida.

4. CHARLIE ESTÁ MANDANDO BEM ESTA NOITE

IMAGINE QUE VOCÊ TEM UMA VASSOURA. Uma vassoura velha comum. Ela funciona exatamente conforme o prometido e atende a todas as expectativas que se pode ter de uma vassoura.

Agora imagine que, depois de alguns anos varrendo com sucesso a cozinha e a garagem, o cabo quebra. E então você pega um novo cabo, enrosca-o na cabeça da vassoura e continua como se nada tivesse acontecido. A pergunta que lhe faço é: ainda é a mesma vassoura?[34]

Mas não responda ainda. Agora imagine que mais alguns anos se passam e um dia você conclui que a cabeça da vassoura já está velha. As cerdas estão macias demais e ela já não cumpre mais sua função do jeito adequado. Então você pega uma nova cabeça de vassoura, coloca-a no cabo e continua a varrer. Agora, esta ainda é a mesma vassoura com a qual você começou esta aventura? Ela cumpre exatamente a mesma função, preenche exatamente o mesmo espaço no cenário das vassouras domésticas, sua essência e "vassourice" estão totalmente intactas.

Agora imagine que você colocou o cabo e a cabeça da vassoura original na garagem, deixando-os por alguns anos em uma prateleira junto a um monte de outras tralhas, e então em um momento de insanidade, você resolve consertá-los e montá-los novamente.

Agora você tem duas vassouras, e a pergunta é: a vassoura reconstruída ainda é a vassoura original e, em caso afirmativo, o que dizer da vassoura "nova"? Ambas têm raízes diretas na vassoura "original" e procedência suficiente para reivindicar legitimamente sua identidade como "vassoura".

---

34 O "paradoxo da vassoura" ficou famoso no seriado britânico *Only Fools and Horses*, criado com base no experimento mental sobre a metafísica da identidade, conhecido como o "Navio de Teseu", popular com Heráclito e Platão, entre outros, e mais tarde rascunhado por Plutarco. A essência fala de um famoso navio preservado em um porto, e à medida que as velhas tábuas e peças se deterioravam, iam sendo substituídas uma a uma, até que, depois de um século ou mais, todas as suas peças já tinham sido substituídas. Foi um verdadeiro divisor de opiniões, mesmo naquela época.

Ou é possível que as vassouras *sequer existam*, porque neste universo pelo menos, o mesmo objeto não pode existir em dois lugares?

Agora imaginemos que a vassoura é a banda Black Sabbath.

Você sabia que, desde que se formaram em 1968, o Black Sabbath teve *mais de vinte e cinco membros diferentes* em várias turnês e discos?

O cantor Ozzy Osbourne foi o primeiro a sair, substituído por um cara chamado Dave Walker, que já havia cantado no Savoy Brown e depois muito brevemente no Fleetwood Mac. Não deu certo. Ozzy voltou por um tempo, e então foi substituído por Ronnie James Dio, que ficava indo e voltando, e acabou sendo adorado pelos fãs do Sabbath, mesmo quando seu som mudou radicalmente sem o sotaque de Birmingham de Ozzy. Depois saiu Geezer Butler, que não apenas era o baixista, mas também o principal letrista, mas ele também voltou. Posteriormente ele deixou a banda de novo, e o "tecladista que-não-fica-no-palco", Geoff Nicholls, tocou baixo por um período.[35] O vocalista do Deep Purple, Ian Gillan, entrou para fazer um disco e uma turnê, já o baterista Bill Ward saiu de novo para dar lugar a Bev Bevan — ex-Move e membro fundador da Electric Light Orchestra, o tipo de organização desprezado pelos fãs hardcore do Sabbath, ou pelo menos assim você pensaria. Vinnie Appice, do Appices of Brooklyn, teve uma chance na bateria antes de Ward voltar, mas enquanto isso caras com nomes pitorescos, Ron Keel e David "Donut" Donato, se apresentaram para preencher o lugar que originalmente era de Ozzy. Logo Dave Spitz estava no baixo, antes de Glenn Hughes, que também cantou com o Deep Purple por um tempo, e aí um sujeito de Nova Jersey chamado Ray Gillen entrou, e assim por diante, com outra meia dúzia de bateristas entrando e saindo ao longo dos anos, incluindo

---

35 O tecladista que-não-fica-no-palco é um fenômeno pesarosamente comum, especialmente em bandas de heavy metal que necessitam de um sintetizador para engordar o som; só que muitas acreditam que teclados na banda poderiam manchar a pose de macho dos integrantes, então durante o show eles ficam escondidos atrás de uma cortina ou tela, ou isolados sob o palco. Além do Black Sabbath, que durante quarenta anos teve um tecladista que-não-fica-no-palco, KISS, Aerosmith e Iron Maiden também dependem deles. Mesmo um sujeito pé no chão como Bruce Springsteen sucumbiu, usando o tecladista em off do Van Halen em suas performances supostamente "solo" em 2005.

o excelente Cozy Powell (ex-Jeff Beck Group e ex-Rainbow, e que em algum momento substituiu Carl Palmer na Emerson, Lake & Palmer, tornando-se convenientemente o "P" no ELP). O Black Sabbath também contou com Eric Singer, que mais tarde não só se juntou à popular banda kabuki norte-americana KISS, como também adotou a maquiagem de gato do baterista original, Peter Criss, e assumiu a *identidade* de Criss, já que Singer era só mais *um gato gigante tocando bateria*.[36]

O ponto baixo dessa prática certamente foi a formação com Geoff Nicholls nos teclados (desta vez ele não precisou ficar escondido, para variar as coisas um pouco), Tony Martin nos vocais, Bob Daisley em qualquer coisa, e o ex-baterista do Clash, Terry Chimes, que se fez presente em alguns momentos (a essa altura Cozy Powell já havia entrado e saído da banda algumas vezes). E assim, somente Tony Iommi oferecia qualquer procedência legítima rastreável da formação original do Sabbath, e se você está se perguntando sobre a "vassourice" dessa formação, então assista ao vídeo horroroso que eles fizeram e julgue por si só. O certo é que nenhum fã do Black Sabbath seria capaz de confundir esse grupo com o "Black Sabbath", independentemente do quanto a gravadora e os advogados insistissem nessa farsa.

Depois que John Bonham morreu, o Led Zeppelin parou suas atividades. Ao longo dos anos, eles chegaram a fazer alguns shows com o filho de Bonham, Jason, posicionado à bateria e realizando um simulacro perfeitamente bem-humorado da experiência do Zeppelin, e se ele não era a

---

36 O que pede ainda mais existencialismo de um lugar onde realmente não deveria haver nenhum. Ele estava fingindo ser o cara que usava maquiagem de gato, o qual ele tinha acabado de substituir, *sem qualquer concessão ao fato de que agora era alguém totalmente diferente; ou será que agora ele era mesmo "O Gato", como se houvesse apenas um, ou ainda ele seria apenas mais um baterista e, em caso afirmativo, todos os caras maquiados de gato que tocassem bateria seriam intercambiáveis?* E, se não, isso importava? E, se sim, a quem? Uma coisa é certa: ele não só estava cagando sobre a inteligência dos fãs do KISS, como também sobre o conceito básico de identidade no qual a maioria das pessoas confia por uma questão de bom senso.

coisa em si, chegava muito perto disso. Mas pelo menos um membro da trupe teve o bom senso de continuar a chamar a banda de "Led Zeppelin", afinal de contas o Led Zeppelin não é uma porra de uma vassoura.

———————

Parafraseando Pablo Picasso, os bateristas são tratados como deuses ou capachos, e pouco tempo após a morte de Keith Moon, ele foi rebaixado do primeiro para o último, sendo substituído no The Who pelo ex-baterista do Faces, Kenney Jones.

Colocar Kenney Jones no lugar de Moon foi como trocar Jackson Pollock por um pintor de paredes. Talvez Pete Townshend estivesse ávido para tocar com alguém capaz de manter um andamento decente, ou que não fosse um completo lunático, e isso poderia ter funcionado para muitas bandas, mas não para esta.[37] Assim que Jones se instalou no banquinho, qualquer revolução por eles liderada chegava ao fim. E, no entanto, não importava a baixa qualidade de seus discos, ou o quanto era doloroso ver Jones tentar trazer a vida de volta ao show, eles seguiram em frente, aproveitando as expectativas reduzidas dos fãs de rock clássico dispostos a fazer vista grossa, para que assim pudessem ir trabalhar no dia seguinte alegando ter visto o The Who, até a banda finalmente anunciar aquele último refúgio de uma lenda, a Farewell Tour.

Essa coisa toda de turnê de despedida costumava dar uma melhorada nos negócios — mesmo que acabasse não sendo o caso.

Na verdade, acredito que foram eles que inventaram a turnê de despedida, e também foram os primeiros a renegá-la. De qualquer forma, eles lotaram o Shea Stadium em Nova York, casa do time de beisebol

———————

37 John Entwistle sobre Keith Moon, na revista especializada Drum Magazine: "Keith não marcava o tempo [das músicas] muito bem. Se ele estivesse desanimado, as músicas ficavam lentas, se ele estivesse animado, as músicas ficavam rápidas demais... Era frustrante para mim porque ele não conseguia tocar o prato, era só uma bagunça de pratos... Às vezes, soava como uma bateria rolando escadaria abaixo. (...) Ele afinava todos os tons com a mesma nota... Quando tinha o kit de dois tons graves, eles eram mais ou menos afinados na mesma nota, então, se ele perdesse um, ele pegava o outro."

New York Mets — e brevemente casa dos Beatles de Liverpool, Inglaterra — durante duas noites sucessivas. Mesmo assim, por melhor que tenha sido a bilheteria, deve ter doído ser superado pelo pessoal do The Clash, banda que o The Who convidara pessoalmente para abrir para eles, pensando estar fazendo a coisa certa ao lhes passar "a tocha", como se em 1980 o The Who tivesse alguma tocha para entregar.

No final, encontraram o baterista certo em Zak Starkey. Starkey era filho de Ringo, e ele tinha *procedência*, isso sem mencionar o talento bruto e o entusiasmo semelhantes ao de Moon de acertar tudo o que via, mas também de compreender as implicações *musicais* do expressionismo abstrato de Moon sem tentar copiá-lo nota por nota. E assim eles conseguiram fazer shows estranhamente convincentes, e muito disso tinha a ver com o retorno à fórmula original da perseguição mútua entre bateria e guitarra, entregando-se ao abandono, e que se dane o tempo da música.

É difícil encontrar o baterista certo. O tipo de competência oferecida por Kenny Jones era inútil nesse grupo. Encontrar Starkey foi um em um milhão: um cara cujo ego era grande o suficiente para sentar-se na banqueta de Keith Moon e avançava com a bateria, desafiando assim o guitarrista a acompanhá-lo, mas que era humilde o suficiente para saber qual era sua função: levantar os outros caras.

Eis outra coisa que não é ensinada na aula de teoria musical:

Certa vez, perguntaram a Duke Ellington como, após décadas na ativa, seu octogenário saxofonista Johnny Hodges ainda conseguia se apresentar tão bem todas as noites, como ele ainda conseguia aquele famoso tom líquido. Como ele era capaz de reunir o entusiasmo e o fôlego para tocar todas as noites, sem falhas?

"Porque ele ainda acha que vai conseguir umas transas desse jeito", foi a resposta de Duke.

Trago isso à tona porque o sexo é o maior motivador e, se você faz parte de uma boa banda, são grandes as chances de transar.

Em algum momento, todos os músicos de rock heteronormativos do sexo masculino esperam transar *só porque fazem parte de uma banda*, pois foram informados de que sempre haverá alguém com disposição. Em uma boa noite, até o baixista tem certa chance. O baixista do KISS, uma banda com caras tão feios que precisavam cobrir os rostos com massa corrida e maquiagem, alegou mais conquistas sexuais do que Wilt Chamberlain e Satã juntos.

E, portanto, não é irrelevante que bem na época em que os Stones estavam ficando famosos nos Estados Unidos, Charlie tenha se casado com a estudante de arte Shirley Ann Shepherd entre uma turnê e outra. À época, ele tinha 23 anos e já conhecia sua esposa desde antes de sua entrada nos Stones. A cerimônia aconteceu em 14 de outubro de 1964 e eles permaneceram juntos (fielmente segundo todos os relatos) até a morte de Charlie, em 2021.

Quando questionado sobre como conseguia evitar as armadilhas de ser uma estrela do rock, ele simplesmente respondia ao entrevistador: "Eu não sou uma estrela do rock".

Isso define bem o caráter de Charlie Watts, eu diria.

Qualquer um que já fez parte de uma banda sabe que geralmente há pelo menos uma pessoa que não é exatamente parte do grupo. Ele entrou na banda porque tinha uma caminhonete e um sistema de alto-falantes, ou porque seu tio era dono de um bar, ou porque tocava bateria no Faces e simplesmente parecia uma boa ideia na época.

Estes são os grupos que não duram. Existem muitos músicos competentes por aí, caras que conseguem fazer o show com um mínimo de discórdia. Há também uma safra abundante de idiotas sem gosto algum: cantores de shows de talentos empolgados com o próprio melisma; bateristas que não conseguem deixar de tocar aquele prato na música de Cole Porter; baixistas confusos porque suas guitarras têm apenas quatro cordas.

Grandes bandas são *gangues*. Formam uma conexão. Isso não significa que seus integrantes tenham de se amar, ou mesmo de gostar minimamente uns dos outros — qualquer um que já tenha convivido com bandas que estão juntas há algum tempo conhece as queixas, brigas e besteiras que as acometem —, mas uma vez que você derrota o elo fraco e revela o grupo esquivo de pessoas capazes de pulsar em torno de um núcleo comum, e a soma se torna muito maior do que as partes, daí você não vai querer se meter com eles.

"Charlie se posiciona calmamente em algum lugar no meio", observa Bill em seu livro de memórias, *Stone Alone*. "Ele era capaz de ser companheiro de todos, adejar de um a outro e se comunicar com todos nós naturalmente. O caráter descontraído de Charlie é sua força... O que torna Charlie querido por todos é sua abordagem imperturbável, descontraída, nada pop-star, amigável... Muitas pessoas observam que no palco ele parece distante de nós, porque a música é uma espécie de religião para ele, e ele fica totalmente imerso nela. Temos sorte por tê-lo, pois a bateria é a base do nosso som."

"Todo mundo acha que Mick e Keith são os Rolling Stones", disse Keith à *Rolling Stone*. "Se Charlie não estivesse fazendo o que faz na bateria, isso não seria verdade. Você descobriria que Charlie Watts é os Stones."

A ideia de colocar Charlie Watts na capa da *Get Yer Ya's Out*, o registro ao vivo da turnê norte-americana de 1969 dos Rolling Stones — o ano em que eles realmente se tornaram A Maior Banda de Rock 'n' Roll do Mundo —, foi muito mais do que um pouco de ironia cômica antifrontman (Mick não gostava muito de ironia, de qualquer maneira), foi um sinal claro de como a banda enxergava Charlie. Mick até emprestou seu chapéu para a foto, a cartola vermelha, branca e azul de que tanto gostava. E se isso não bastasse para Mick, sua famosa exaltação entre as músicas nos shows — "Charlie está mandando bem esta noite, não está?" — sempre buscou destacar o baterista. A única outra pessoa a receber uma homenagem nesse disco foi a calça de Mick, que perdeu um botão e ficou sob o risco de arriar.

As calças de Mick não foram o maior problema daquele ano. Aquela foi a turnê que viu Meredith Hunter morrer no autódromo de Altamont, no dia do último show, assassinado pelos Hells Angels contratados para fazer a segurança daquele atabalhoado espetáculo gratuito, momento devidamente registrado no filme *Gimme Shelter* e universalmente acusado de ser a morte do sonho hippie.

Os Stones percorreram um longo caminho desde sua última turnê norte-americana, em 1966, ainda alimentada pelos vapores da Beatlemania, quando ainda eram os bad boys desalinhados da *British Invasion*, tocando para plateias que não paravam de gritar e que ainda não tinham idade para beber.

Muita coisa aconteceu entre 1966 e 1969, principalmente o fato de terem cruzado o Rubicão do LSD. Os Stones passaram de preto e branco para colorido, assim como seu público. As pequenas pré-adolescentes virginais deram lugar aos veteranos do Summer of Love (Verão do Amor): maconheiros, vagabundos, malucos, trapaceiros e revolucionários de meio período, isso sem mencionar as modelos, os intelectuais, os diretores de cinema, os artistas e o restante da aristocracia da cultura das drogas.

Eles estavam vivendo em uma cultura altamente acelerada — a minissaia havia sido inventada e os homens estavam a caminho da lua. Deveria ter sido um momento otimista, mas esses destaques do dia preguiçosamente construídos não estariam completos sem uma dose dupla de crimes e assassinatos (agora temas recorrentes no trabalho dos Rolling Stones), manifestantes antiguerra sendo espancados por policiais da tropa de choque na convenção democrata de Chicago, os levantes em Paris, o bombardeio de saturação no Vietnã e Richard Nixon exibindo um sinal de "V de vitória". Isso tudo é bastante reducionista, é claro, mas dá para se ter uma ideia — a ressaca de 1968 ainda pode ser ouvida em qualquer estação de rádio de rock clássico ou na coleção de discos de qualquer baby boomer. Paul McCartney cantou "Helter Skelter" no Álbum Branco dos Beatles, o momento mais ruidoso e abrasivo de sua carreira, inadvertidamente inspirando uma série de assassinatos em Hollywood Hills, e os Rolling Stones entregaram "Sympathy for the Devil", em que Mick resolve o mistério do assassinato de Kennedy, isso sem mencionar "Street Fighting Man", que mostrava as frustrações de aspirantes a rebeldes presos em um mundo de soluções conciliatórias.

Antes de os Rolling Stones se tornarem A Maior Banda de Rock 'n' Roll do Mundo, eles tiveram de voltar para o ponto de partida: *maracas, guitarras com tremolo, gritos gospel, gaitas violentas...* Eles eram desse jeito. Bo e Little Richard, Chuck e Muddy. Só que agora era hora de levar tudo para um admirável mundo novo. Era hora de cessar as declarações simples sobre "como vai ser", era a hora certa para uma revolução palaciana. Dentre outras coisas, isso lhes custaria um guitarrista.

Esse novo pilar de fervor revolucionário veio logo após o primeiro grande passo em falso dos Stones — *Their Satanic Majesties Request.*

Um passo em falso porque, pode acreditar, com a única exceção de voltar ao suingue contra punks irritantes e dar uma boa sacudida em seu rock de guitarra na pista de dança, toda tentativa dos Rolling Stones de perseguir uma tendência foi um fracasso abjeto. Desde sucumbir sob o domínio dos Beatles e tentar fazer sucessos pop barrocos com flautas e mellotrons e depois tentar criar seu próprio *Sgt. Pepper's*, avançando algumas décadas até Mick contratar produtores de hip-hop para acompanhar a tendência, toda vez que eles se afastavam da verdade que eram os Rolling Stones, os resultados eram, na melhor das hipóteses, esquecíveis, na pior, o tipo de coisa que você poderia perdoar, mas jamais esquecer.[38]

---

38 John Lennon para a revista Rolling Stone, 1971: "Eu só gostaria de listar o que fizemos e o que os Stones fizeram dois meses depois em cada porra de álbum. Cada merda que fizemos, Mick fez exatamente igual. Ele nos imita. E eu gostaria que um de vocês, pessoal do underground, apontasse isso: *Satanic Majesties Request* é *Pepper*. 'We Love You' é a maior merda, é cópia de 'All You Need Is Love'. Eu fico chateado com a insinuação de que os Stones são revolucionários e os Beatles não."

Na sóbria realidade, *Satanic* não era tão ruim quanto sua fama, apenas uma espécie de flerte sem brilho no purgatório lisérgico, o caminho a ser percorrido para chegar ao próximo destino: no caso, sua primeira obra-prima, o álbum *Beggars Banquet*.

Mas antes de *Beggars Banquet* houve "Jumpin' Jack Flash", gravada enquanto se preparavam para trabalhar no novo LP e lançada como single em 1968. "Jumpin' Jack Flash" foi para o hard rock o que "Satisfaction" foi para o punk.

"Toda vez que toco 'Flash', consigo ouvir a banda inteira decolando atrás de mim", Keith comenta em seu livro. "Há esse tipo extra de motor turbo. Você salta sobre o riff, e ele toca *você*. Temos ignição? Então vamos lá."

"Estava tentando superar o ácido", Mick comentaria mais tarde, e, de fato, eles haviam perfurado a parede e saído do outro lado transformados, e melhores por isso.

Charlie majoritariamente se absteve das drogas, um aspecto importante, mas não porque ser careta nesse grupo de hooligans fala de um poder superior ou autoridade moral (não nos esqueçamos: Charlie era um louco do bebop e bem familiarizado com os cigarros do jazz, que eram a moeda no meio, e nunca teve medo de tomar uns goles), mas porque enquanto todos os outros estavam em órbita ao seu redor, entrando em uma cena de drogas cada vez mais pesadas, ele se mantinha no centro e dava à música uma condução perfeita, sem enfeites ou floreios.

Sua parte em "Jumpin' Jack Flash" é tão mínima quanto qualquer coisa que Charlie já gravou. Ele simplesmente deixa o cantor e o guitarrista fazerem o trabalho pesado (Keith também dá sua mãozinha, batendo em um surdo para dar aquela dose adulta de *paulada* e *baque*), e no refrão mal faz a passagem entre o chimbal e o prato de condução, um movimento fácil, porém eficaz, que se tornou praticamente o padrão em qualquer música de rock. Ele tampouco se entrega a qualquer modulação infeliz nos pratos de ataque.

"Jumpin' Jack Flash" foi a primeira coisa que os Stones gravaram com seu novo produtor, Jimmy Miller, cujo currículo mais recente incluía um par de discos de sucesso da banda Traffic e cujo senso rítmico e agradável eram perfeitos para um grupo que carecia de alguma direção, mas não muita. Miller era um mestre da vibe, um cara do groove, e sabia como trabalhar entre o grupo e o engenheiro para obter os sons e as músicas. Ele criou *fluxo*.

"Ele não era um grande baterista", diz Charlie sobre Miller na própria história oral dos Stones, "mas era ótimo tocando bateria em discos, o que é uma coisa completamente diferente... Jimmy na verdade me fez parar e pensar na forma como eu vinha tocando bateria no estúdio, e assim me tornei um baterista muito melhor ali graças a ele — juntos criamos alguns dos melhores discos que já fizemos... Para mim, um sexto daquelas músicas era Jimmy. Mick até pode dizer: 'Isso é besteira, você fez tudo sozinho', mas é assim que me sinto. Jimmy me ensinou a me disciplinar no estúdio."

Nas devidas circunstâncias, uma centena de outros bateristas teria arruinado "Jumpin' Jack Flash", procurando por brechas para entrar. Charlie, com Miller em seu encalço, dirigiu direto pelo meio da estrada, e foi impecável. O crédito pelas maracas deve ser dado a Mick — o aprendizado com Bo Diddley (e Jimmy Miller) foi muito proveitoso — e tocá-las equivaleu a jogar gasolina no fogo. E elas seriam utilizadas novamente quando precisassem daquele *tchan* a mais: ouça as maracas entrarem em combustão logo após o solo de sax em "Brown Sugar", elas entram *extremamente* altas, pouco antes de o fader retroceder de volta à zona de relativa segurança; e depois do segundo refrão em "Gimme Shelter", antecipando a entrada da gaita e o solo de guitarra, sem falar nos lamentos de estupro e assassinato. Em "Street Fighting Man", após o comando final de Mick — "Get down!" ("Abaixem-se!") —, as maracas explodem como um coquetel molotov atingindo a fachada de um banco. É o início da revolução. Foi uma insurreição na simplicidade, especialmente em uma época em que o rock 'n' roll estava se expandindo e ficando mais alto, mais burro e mais branco, e a ideia de usar maracas provavelmente pareceria estranha para os não iniciados.

Naquela época estavam surgindo alguns bateristas fantásticos, homens que impulsionaram suas bandas através da força bruta e da técnica amplificada. Mas, claro, havia também muitos charlatães e exibicionistas, aspirantes a Bonhams e Bakers, sujeitos que não conseguiam fazer mais do que manter o andamento da música, mas que de alguma forma se flagravam tocando com a banda de maconheiros locais, sonhando feito Cinderelas em uma época em que o hard rock estava se tornando um fetiche adolescente.

Por volta de 1970, o Black Sabbath e o Led Zeppelin lançaram seus primeiros discos, e o estilo pesado agora estava oficialmente na moda. A ironia é que os caras mais pesados que surgiram naqueles anos — Bill Ward no Sabbath e John Bonham no Zeppelin — tinham o jazz cozinhado em suas veias. A bateria de Bill Ward no Sabbath estava repleta de Krupa-ismos e viradas à la Louie Bellson, levando as big bands para a escuridão em músicas como "The Wizard" e "Electric Funeral". John Bonham também havia absorvido Krupa e Max Roach em seu estilo, que ficava mais nítido principalmente na hora do grande solo de bateria. Ele era um mestre do shuffle, do *rubato*, da desorientação, da liberação e do ataque, e havia inventado um estilo que às vezes parecia uma mutação dos grandes bateristas de James Brown: Clyde Stubblefield e Jabo Starks, mestres na prestidigitação do contratempo, e Zigaboo Modeliste, da banda Meters, de New Orleans, cuja capacidade de mudar a batida dentro do groove era tão vertiginosa quanto aquela que Bonham apresentaria.

Mas Bonham era distintamente diferente — um dos poucos caras, assim como Charlie Watts e Keith Moon, cuja visão pessoal para a bateria de rock 'n' roll era totalmente inaudita. Os maiores avanços de Bonham estavam em sua monstruosa técnica de bumbo, perpetrando seus famosos golpes duplos e tercinas, e equilibrando uma incrível sensação de espaço aberto contra uma enxurrada de golpes intocáveis.

Uma das grandes qualidades do Led Zeppelin é que, tal como Charlie Watts, Bonham nunca soou apressado, mesmo quando eles estavam tocando no máximo. Ele tinha muito bom gosto e disciplina, e mesmo quando explodia com força total, era extremamente *musical*. Sua execução podia ser ritmicamente complexa, mas foi construída de baixo para cima, e não o contrário. Foi o tipo de lição perdida por muitos jovens bateristas que achavam que aprenderiam a tocar blues ouvindo Cream e pesando no ritmo desenfreadamente.

Keith Moon, outro discípulo de Krupa, *explorava* a expectativa, porém não era capaz de se comprometer — considero a introdução de "I Can See for Miles" uma deliciosa dose de preliminares —, mas no final das contas, Keith de fato não era dotado de grande autocontrole. Quando chegava no verso "I get a kick out of you" da música homônima composta por Cole Porter, ele não se contentaria em simplesmente tocar o prato de ataque, ele teria destruído o kit inteiro.

Bem quando os Stones estavam se despojando do essencial do country rock drogado e do melancólico blues apocalíptico, o The Who havia se tornado um maximalista da escola de arte, tocando grandes óperas rock, e ali a bateria de Moon cresceu como uma espécie de bambu percussivo, florescendo com tambores em todas as direções. Seu jeito de tocar era espetacular, obviamente, e uma extensão de sua personalidade – ultrajante, devasso, bêbado, carismático, generoso, honesto e descontrolado —, mas o mal que ele fez aos futuros bateristas, que nunca aprenderam a sossegar o facho e simplesmente tocar a música à sua frente, já estava plantado. Em poucos anos, todos os garotos que tinham comprado suas baterias para serem como Ringo estariam acrescentando mais um zilhão de tom-tons, gongos e doideiras em seus kits e medindo o próprio sucesso não pela habilidade de suingar, mas através das dimensões desse excesso.

E, como tal, uma nova geração de bateristas surgiu como um vírus na década de 1970: garotos adolescentes que sabiam disparar uma fuzilaria de flamadiddles triplos em seus Rototoms da Remo de afinação rápida, mas que não conseguiam tocar um simples shuffle ou uma batida punk convincente sem se atrapalharem. O que levanta a seguinte pergunta: se precisa de tanto equipamento, o que você está *realmente* tentando compensar?

O novo disco dos Stones, *Beggars Banquet* (1968), não foi exatamente um "retorno às raízes do blues", tal como descrito tantas vezes por jornalistas musicais desprovidos de imaginação, rufiões que só conseguiam enxergar o "blues" como coisa do passado. Na verdade, *Beggars Banquet* foi mais um salto selvagem para o futuro dos Stones. E, de qualquer forma, era muito mais country do que blues e, mais do que qualquer outra coisa, representava as possibilidades. Não era o som de uma banda voltando ao sucesso anterior, mas sim se libertando dele.

Ali também foi o fim para Brian Jones, e se alguém achava que os Stones não poderiam ser os Stones sem Brian, estava redondamente enganado. Certamente eles não poderiam *ter se tornado* os Rolling Stones sem Brian, mas em algum momento ele virou uma pedra no caminho — o ácido, o estilo de vida e o DNA ferrado de bluesman e estrela pop psicodélica foram ficando distorcidos demais para continuarem viáveis — e assim ele teve de sair da banda. De qualquer forma, Brian já não estava aparecendo para tocar. Ele andou tocando partes aqui e ali, incluindo um adorável slide guitar em "No Expectations", sua última contribuição. Exaurir-se devido a problemas com drogas e o estrelato pop pode ser um clichê, mas Brian merece muito crédito por isso.

Algumas peças podem ser substituídas sem fazer diferença, mas às vezes a vassoura fica ainda melhor. Os Stones contrataram um novo guitarrista: um prodígio chamado Mick Taylor, veterano da John Mayall & The Bluesbreakers, na qual substituiu Peter Green, que mandou todo mundo se foder para se juntar ao Fleetwood Mac, que tinha substituído Eric Clapton, que também mandara tudo à favas em troca da terra prometida do Cream. Em determinado momento, a cena do blues britânico começou a se assemelhar à uma gigantesca loja de utensílios domésticos.

Jamais houve época mais empolgante para ser um Rolling Stone. Taylor tocou em algumas músicas do disco seguinte, produzido por Jimmy Miller, *Let It Bleed* (1969), e *L'âge d'or Rolling Stones* havia oficialmente começado.

A nova banda era uma versão decididamente mais sombria, mais sexy e poderosa dos Rolling Stones. Taylor era um guitarrista agressivamente capaz, com um som abrasador, e colocou o ritmo sincopado e o minimalismo intenso de groove de Keith Richards em nítido relevo. A Antiga Arte da Tecelagem — as notas sujas nas guitarras adquiridas com Brian — estava fora em favor de uma relação ritmo/solo mais tradicional, e todos aceitaram o desafio. O som ficou mais aberto e tudo se tornou mais difícil: as músicas encontraram um novo espaço para respirar, as jams se expandiram sem perder a meada.

E então Charlie começou a ziguezaguear e a se esquivar entre Keith Richards e Bill Wyman, e colocou os holofotes em Mick, certificando-se de que cada palavra tivesse todo o peso do groove por trás dela.

Não contentes apenas em *consumir* drogas, eles começaram a cantar a respeito delas. Violência, sexo e Satanás eram os outros leitmotivs preferidos. E por mais que fosse necessário um grande cantor como Mick Jagger para entregar a mercadoria, agora mais do que nunca ele precisava da gentileza dos guitarristas e da inteligência e sensibilidade jazzística de um baterista atencioso, que soubesse acompanhar um cantor para enfatizar tudo.

Charlie batia quando era necessário e relaxava quando a música não pedia bateria — afinal de contas, ele era um cara humilde, sempre se colocando por trás da música. Mas suingava forte e socava como um peso pesado quando Mick precisava que ele desferisse o golpe de nocaute.[39]

"Street Fighting Man" em *Beggars Banquet* tinha aberto a porta para o estilo pesado dos Rolling Stones, uma mistura de guitarras e bateria pesadas, mas curiosamente grande parte da música era executada em um violão, e Charlie recorreu a uma bateria meio que de brinquedo, uma

---

39 Mais adiante, Charlie vai de fato dar um soco em Mick. Essa história já foi contada muitas vezes, mas todo mundo sempre se esquece do verdadeiro final dela. Espere só para ver.

engenhoca da década de 1930 chamada London Jazz Kit comprada por ele em uma loja de antiguidades. Não passava de algumas peles de bateria presas com arame e dobradas em uma mala, assim os bateristas de jazz poderiam viajar de trem até um show ou levá-la para detonar numa festa. Charlie costumava arrastá-la em turnê então descompactá-la em um quarto de hotel e tocar com Keith, e às vezes eles se gravavam naquele gravador Philips mágico de Keith, que distorcia a existência de qualquer coisa. E foi esse equipamento que eles levaram para o estúdio de gravação para assentar as bases para a revolução.

Novas baterias e guitarras foram sobrepostas em cima da gravação em cassete, e os resultados foram bestiais. Posteriormente, Keith intitularia aquele momento como a execução de bateria mais importante de Charlie. Era *orquestral*, como um sonho sensual de Phil Spector, apoiado por inúmeros violões e instrumentos de percussão, incluindo um bumbo extra com overdub (empilhamento das camadas de áudio), mais pratos (e, claro, as maracas), um piano um tanto impressionista, várias faixas de vocais, além de um pouco de exotismo psicodélico, os quais incluíam vislumbres de microfonia das caixas de som estrategicamente posicionadas e instrumentos como tambura, sitar e shehnai, sendo este último uma espécie de oboé indiano, uma trompa de palheta dupla que gerava um zumbido quando o som estava terminando. O único instrumento elétrico na faixa era o baixo, tocado aqui por Keith, uma ocorrência cada vez mais frequente. Em algum momento, deixou de ser uma *música* — estava mais para um evento sonoro fabricado e *baseado em uma música*.

"Gimme Shelter", em *Let It Bleed*, foi ainda mais violenta e agourenta. Pintaram de preto o hard rock por eles inventado, com gospel e soul desequilibrados graças ao lamento arrepiante e lindo de Merry Clayton que, não por acaso, tinha ficado famosa cantando na banda de Ray Charles. A gaita de blues supermodulada de Mick assumiu onde Little Walter tinha parado, e um sensacional riff de güiro (instrumento semelhante ao reco-reco), cortesia de Jimmy Miller, temperou toda aquela confusão um sabor perigosamente sexy. As combinações de caixa, bumbo e pratos de Charlie nas viradas eram tão ameaçadoras quanto qualquer coisa que ele já havia tocado.

Maracas, guitarras com tremolo, canto gospel, gaitas violentas... essa merda sempre esteve lá, e agora, nas mãos desses Rolling Stones recém--iluminados, parecia ter sido transmitida do futuro em vez de nascida em algum passado distante. Não havia precedente para esse tipo de coisa: muito tempo atrás, os Stones eram apenas um bando de beatniks e estudantes de arte tocando black music com credibilidade; agora eram agentes do caos tocando música dos Rolling Stones. Não havia diferença entre preto e branco, entre gospel e hard rock, entre Bo Diddley e o apocalipse.

Outra coisa: em algum lugar ao longo do caminho, os Stones também se tornaram uma banda country craque, tão boa que dez anos depois até mesmo seus álbuns estilo punk e disco vieram com um sotaque forte. Blues, country, gospel, hard rock, pop, seja o que for, não deixe que te enganem, é tudo a mesma merda. Charlie Watts e os Rolling Stones descobriram isso antes de qualquer outra pessoa de sua época — Bob Dylan e The Band, e talvez Van Morrison estivessem na mesma sintonia, mas dificilmente com a mesma desforra ou fixações eróticas. E esta é apenas mais uma razão pela qual os Rolling Stones são tão importantes. A fonte deles era cheia de sangue.

"Let It Bleed", sua segunda música country importante (do álbum homônimo), é uma daquelas músicas que as bandas de bares quase sempre estragam, não porque seja difícil de se tocar, mas porque, como tantas ótimas músicas dos Stones, ela vive muito especificamente em seu próprio ritmo — vai esquentando demais e daí soa como uma música de rock de mau gosto, muito lenta e arrastada. Além disso, é uma música arrebatada e delicada, e requer a quantidade exata de fricção para atingir o clímax — nem mais, (e espera-se) nem menos.

Lembro-me de tocá-la em um daqueles shows aos quais eu era convencido a participar porque estava entediado, ou precisava do dinheiro, ou achava que poderia haver algumas garotas interessantes por lá, e por mais que eu tentasse dar um pouco de alma a ela — eu tocava

OUTRA COISA: EM ALGUM LUGAR AO LONGO DO CAMINHO, OS STONES TAMBÉM SE TORNARAM UMA BANDA COUNTRY CRAQUE, TÃO BOA QUE DEZ ANOS DEPOIS ATÉ MESMO SEUS ÁLBUNS ESTILO PUNK E DISCO VIERAM COM UM SOTAQUE FORTE. BLUES, COUNTRY, GOSPEL, HARD ROCK, POP, SEJA O QUE FOR, NÃO DEIXE QUE TE ENGANEM, É TUDO A MESMA MERDA.

teclado na época[40] —, os caras da banda estavam determinados a apenas *agitar a galera*, porque eram estúpidos e não conseguiam se conter, e obviamente passavam muito tempo ouvindo rock alternativo aberrante desprovido de blues, de suingue e da obscenidade em seu enredo, quando deveriam estar ouvindo T. Rex ou os Stooges ou Hank Williams ou qualquer porra que tivesse uma conexão direta com o rock 'n' roll honesto. Eles consideravam os Stones algo fácil de se tocar, e quando se tratava de "Let It Bleed", não apenas nunca tinham sido esfaqueados em um "porão sujo e nojento", como diz a música — *e por mim tudo bem, afinal, quem já foi, não é mesmo?* — mas também não enxergavam o romantismo naquilo, o que era um problema.

Finalmente, depois de manter o andamento e incentivar uma abordagem mais cautelosa da música, em vez de simplesmente fazer dela um veículo irracional para o guitarrista mostrar suas escassas habilidades com o slide, soltei: "*É PRA SOAR SUJA, É UMA CANÇÃO COUNTRY QUE FALA SOBRE DROGAS, PELAMOR*", ao que o baterista soltou, "*NÓS NÃO SOMOS SUJOS*" e continuou a foder a música como um sujeito recém-saído após longa pena na prisão, ao que eu respondi: "NEM O PORRA DO CHARLIE WATTS, MAS ISSO NUNCA O IMPEDIU DE TOCAR DO JEITO CERTO".

Não que a gente fosse soar como os Rolling Stones, mas tem coisas que precisam ser ditas para boas bandas de bar.

"Honky Tonk Women", a primeira grande música country dos Stones, é outra que os músicos de bar nunca entendem. Gravada em algum momento durante as sessões de *Let It Bleed* (com Jimmy Miller tocando a

---

40 É isso o que acontece com os bateristas de Nova York, um dos lugares menos gentis para com bateristas no mundo, onde o chão de uns é o teto de outros, e ninguém tem garagem ou porão — e assim acabávamos buscando tocar instrumentos mais amigáveis a um apartamento, como teclado e guitarra.

icônica e *ligeiramente* desengonçada parte do cowbell) e lançada como single no verão de 69, foi a estreia gravada da afinação em sol aberto de Keith e sua nova abordagem para tocar guitarra rítmica. Claro, o lance de tocá-la direito está diretamente ligado à sua introdução, a nuance do cowbell e o pequeno toque de bateria no início da música, fora do ritmo — um clássico de Charlie, uma virada desequilibrada que até uma criança daria conta de fazer. Infelizmente, nunca há crianças por perto quando você precisa delas.

E os Stones nunca mais a tocaram desse jeito. Era o riff de Keith — ele era o dono, e geralmente iniciava todas as versões ao vivo tocando as cordas soltas de sua guitarra como um Svengali country cheio de testosterona, e se demorando lindamente nele. Era tanto atitude quanto música, um riff tão simples que dificilmente se qualificava como música — um único acorde e nenhum truque! Ainda assim, Keith o tornou tão perfeitamente identificável, diferente de qualquer outro acorde em sol já tocado, sujo e majestoso, um convite à pista de dança, um poema sinfônico sobre álcool e sexo bêbado, escrito com uma Telecaster.

A afinação da guitarra em sol aberto de Keith era a mesma afinação que muitos caras do Mississippi tinham tocado no Delta, mas que jamais teriam como prever o que Keith reservara para essa técnica antiga, deixando solta a pesada corda de baixo e transformando sua guitarra de seis cordas em uma máquina de riffs de cinco cordas capaz de desmatar continentes.

"O que conta é aquilo que você exclui", explica Keith em seu livro. "Cinco cordas limparam a bagunça, me deram os *licks* e inseriram as texturas... com cinco cordas você pode ser esparso; eis a sua estrutura, é nela que você trabalha. 'Start Me Up', 'Can't You Hear Me Knockin', 'Honky Tonk Women', todas deixam essas lacunas entre os acordes."

As lições aprendidas ao longo de *Beggars* e *Let It Bleed* estavam com força total quando os Stones pegaram a estrada e ficaram sedutoramente evidentes na forma furtiva e promíscua como rastejam durante "Stray Cat Blues" e na versão empolgante de "Little Queenie", a primeira vez que um cover de Chuck Berry superava o original. Keith não estava mais tocando riffs de Chuck Berry somente, ele os estava incinerando. *Get Yer Ya-Ya's Out* não era apenas uma lembrança da turnê, era um convite dos Rolling Stones para subir a bordo ou ser atropelado.[41]

Charlie estava encontrando o jazz dentro de si, a unidade Keith e Charlie tornando-se uma combinação mortal. Foi sobre esta rocha que eles construíram seu templo.

Mick estava aprendendo a fazer ostinato e a cuspir, e qualquer inocência musical que outrora os abençoara agora havia desaparecido. Bill Wyman era impecável na clave de fá — retumbando, andando, impulsionando, destemido, muitas vezes complexo, mas nunca na frente, sempre por cima — e Mick Taylor lançava sua luz nos olhos de todos, cortando a briga com uma técnica ofuscante. Até canções simples estavam se tornando manifestos de soul. Os Rolling Stones tinha se tornado OS ROLLING STONES. Não eram mais estrelas Pop, e sim ESTRELAS DO ROCK.

Como sempre, Charlie ocupava o melhor lugar da casa, mas não era simplesmente uma testemunha, era um *participante*. Ele era um adepto que possuía conhecimento secreto. Havia crescido de guardião da batida para xamã. Suas notas fantasmas estavam borbulhando como nunca, rolando e rolando pelas reviravoltas — mas ele jamais abandonava o contratempo ou negligenciava o bumbo, conhecia os antigos segredos de como botar um salão para dançar. Era a foto dele na capa do disco, e por um bom motivo: ele era a fonte dos superpoderes dos Stones. Afinal, ninguém dança por causa da letra da música. Ninguém dança por causa dos solos de guitarra.

---

41 Vale notar que, assim como a maioria dos chamados discos ao vivo, Ya-Ya's é fortemente polido, com empilhamento de camadas de áudio em meia dúzia de vocais e algumas guitarras, incluindo "Little Queenie". Em algum momento você só aceita que não faz ideia do que está ouvindo.

5. Rip This Joint

Nos primórdios do rock 'n' roll, quando os pais e as praças tocavam os sinos das igrejas para fazer suas advertências, apavorados com a batida da selva que parecia inflamar a genitália de seus filhos e ameaçar a fibra moral da nação, eles tinham razão em ter medo, é claro.

Mas não faziam ideia do quanto estavam certos. Como poderiam prever a chegada de "Brown Sugar"? Uma música sobre escravas, drogas, cunilíngua, estupro e sabe lá Deus o que mais, com um riff, uma batida e um solo de sax lamentoso de Bobby Keys que lhe conferia um tom pop na mesma proporção que renderia uma pena de enforcamento. E ao ser tocada no passado célebre dos Estados Unidos, como aconteceu, naturalmente disparou para o topo das paradas.

Talvez fosse devido à época, talvez fossem as drogas, mas em algum momento os Stones basicamente perderam qualquer senso de decência, mesmo quando já rumavam para se tornar A MAIOR BANDA DE ROCK 'N' ROLL DO MUNDO.

Beggars Banquet e *Let It Bleed* foram álbuns dominados por sexo, drogas e violência, mas nem mesmo eles conseguiam prever "Brown Sugar", o primeiro single de *Sticky Fingers* (1971), cujo lado B (caso alguém ainda não tivessse sacado a visão de mundo dos Rolling Stones) era chamado "Bitch", outra música sobre drogas, bebidas e o lado sombrio do amor. Foi o tipo de golpe duplo que derrubou civilizações menores.

Não por acaso, antes de conseguirem aquela combinação matadora, eles entregaram o último single que deviam à gravadora, uma confecção brilhante mais conhecida como "Cocksucker Blues" (também conhecido como "Schoolboy Blues" nos círculos mais polidos) na qual Mick Jagger prova não somente que é um bluesman genuíno de primeira linha como sua vontade absoluta de ir além e levar seu time junto.

O single nunca foi lançado oficialmente, mas foram produzidas algumas unidades promocionais e ele logo foi pirateado, e não conheço nenhum fã ferrenho dos Stones que não saiba a letra de cor. *Cocksucker Blues* também se tornou o título de um documentário da turnê norte-americana dos Stones, realizado em 1972 e dirigido pelo fotógrafo Robert Frank — também responsável por boa parte das fotos que figuram na capa do álbum *Exile on Main St.* — e ficou instantaneamente famoso pelos seus registros das travessuras dos roadies, dos membros da banda usando drogas, das brincadeiras das groupies etc. O dito documentário também foi rapidamente condenado pela banda e sua exibição foi proibida amplamente, embora uma versão pirata decente esteja ao alcance de um clique na internet. Mas, de modo geral, é melhor deixá-lo para a imaginação.

As partes musicais são revigorantes — um lembrete de que, em 1972, os Rolling Stones estavam tocando com uma altitude que jamais mais seria alcançada por *ninguém* —, mas aquelas que exibem, por exemplo, uma groupie sendo passada de um lado a outro no avião dos Stones com Mick e Keith incentivando-a a entreter a multidão, nem tanto. (Charlie Watts, que Deus o abençoe, vai embora, claramente enojado. A alegria da mulher ali é ambígua, na melhor das hipóteses.) O resultado é um estranho *cinéma vérité* documental que provavelmente nunca deveria ter sido feito, mas que agora faz parte do registro permanente: sombriamente voyeurístico, muitas vezes tedioso, empolgante como todo material contrabandeado, porém deprimente sob o entendimento de que o valor está na emoção barata da invasão, e não na coisa em si, a menos que você adore ver Keith desmaiado em meio a um bando de chapados nos bastidores, uma groupie tomando uma dose, ou Mick Taylor fumando maconha com uma mulher nua — sendo que a parte mais chocante disso é o fato de eles não terem seda para enrolar e precisarem construir um baseado a partir de um cigarro comum, o que soa muito pouco profissional para esse grupo de delinquentes.

O destaque fica por conta de Stevie Wonder, que fez o show de abertura durante grande parte da turnê, tocando com os Stones em um medley de "Uptight (Everything's Alright)" e "Satisfaction" — que compartilham a mesma batida forte —, mas não é o suficiente para fazer o documentário valer a pena. Digamos que esse trabalho seja um experimento fracassado, ou um momentâneo lapso de julgamento — não a primeira ou a última vez que os Stones carregam a culpa por um ou outro, é apenas a mais extrema delas.

Se Charlie Watts não existisse, os Stones teriam de inventá-lo.

O novo estilo de Keith estava alcançando a massa. O acorde em sol aberto que abre "Honky Tonk Women" havia se tornado uma fera ávida para ser alimentada — um riff cortante e retalhado que era a antítese do dedilhado hippie. Havia uma sexualidade crua em sua síncope, nada era simples naquilo. Ele saía do ritmo, geralmente à frente dele, definindo-o então como um senhor da guerra e exigindo que essa turba de Rolling Stones o acompanhasse, correntes e canivetes a postos. O que não quer dizer que essa linha de ataque não possa ser executada mais lentamente. Na verdade, quando eles desaceleravam, era tão insidioso, sexual e ameaçador como quando pisavam no acelerador e deixavam a música rasgar.

Eles tinham um suingue próprio, e eles deviam o coração de suas músicas, se não sua alma pulsante, a Charlie, que, assim como Muhammad Ali, flutuava como uma borboleta e picava como um marimbondo.

Sua mão direita era ágil, seu estilo nos pratos suingava como os grandes heróis do blues e do jazz, e sua mão esquerda aterrissava levemente, quase imperceptivelmente, atrás da batida, e quando ambas ganhavam confiança, o efeito era o tipo de coisa que não apenas estimulava um afastamento dos padrões, mas que parecia ter total autorização para tal.

"Algo acontece quando tocamos juntos", explica Bill Wyman em seu livro. "É impossível de se copiar. Toda banda segue o baterista. Mas nós não seguimos Charlie. Charlie segue Keith. Então a bateria sempre fica um pouco atrás de Keith, por uma fração minúscula de tempo. Segundos. Ínfima. E eu costumo tocar adiantado. Tem um balanço nisso aí. É perigoso porque pode desmoronar a qualquer minuto."[42]

---

42 Acho que foi Ornette Coleman quem disse que se a banda toca junto com o baterista, então é rock 'n' roll, e se o baterista toca junto com a banda, então é jazz.

E é aí que estava a beleza da coisa, a essência do estilo dos Stones... *apertado, porém solto*. Era terrivelmente sexual e maravilhosamente fumegante. Era fluido, viscoso e impregnado de pecado. Libidinoso e libertino. As lições ensinadas por Chuck Berry, Bo Diddley, James Brown e Little Richard tinham mergulhado no cérebro de Keith, e era esse o resultado.

Keith agora *improvisava* ritmos, deixando seu corpo conduzi-lo, dançando da cintura para baixo, *inventando enquanto tocava*, o que é a própria definição de *jazz*.

Alguns torceriam o nariz se você dissesse que Keith estava tocando *jazz*, mas Charlie não estaria neste grupo, e eis aí mais um motivo que torna Charlie Watts o cara, pois, por mais apaixonado por jazz que fosse, ele não era um esnobe, e também permitia se estabelecer em seu novo estilo, para ir aonde nenhum baterista jamais fora.

Batida por batida, Charlie era o baterista mais suingueiro do mundo do rock 'n' roll. Ao contrário de muitos bateristas com técnica mais *apropriada* — a mão direita de Charlie era naturalmente mais forte do que a esquerda —, ele compreendia que as inconsistências encantadoras e a imprevisibilidade eram a própria essência do estilo, e transformou suas deficiências em um de seus maiores atributos. Não daria para inventar essa merda, era simplesmente o jeito como ele tocava naturalmente.

As introduções excêntricas de Charlie e as viradas feitas de rulos e rufos quebrados eram tão particulares para seu estilo quanto a cor azul era para Marc Chagall, e ele começou a usar o prato das maneiras mais inesperadas, travando batalhas contraintuitivas de gato e rato entre caixa e prato, abrindo e fechando-os no meio das viradas e nos intervalos, encontrando jazz até nas músicas mais simples. No palco, esse estilo se embrenhava nos lugares mais imprevisíveis da outrora fundamental parte da bateria de "Jumpin' Jack Flash" — que agora era ornamentada com tonicidades explosivas, rulos metralhantes na caixa e pela magia do chimbal de dentro para fora — até as músicas country "Let It Bleed" e "Dead Flowers", cujas mudanças de acordes objetivos floresceram em explosões de cores. A introdução de "All Down the Line", já um balé de gracejos na bateria, explodiria ao longo dos anos em uma obra-prima expressionista.

O famoso levantamento da baqueta — bater na caixa sem bater no chimbal nos tempos dois e quatro, uma técnica simples que dava um pouco mais de presença aos golpes na caixa — viria principalmente mais tarde, e solidificaria ainda mais o estilo de Charlie Watts. É uma daquelas coisas que os bateristas sempre mencionam quando falam sobre Charlie, porque é uma das poucas coisas fáceis de descrever a respeito dele. Charlie sempre dizia que sequer percebia estar fazendo isso até que um dia contaram para ele, que então explicou que só o fazia por ser preguiçoso, ainda que o gesto tenha ajudado a definir seu estilo.

Ele já havia dominado tiques artísticos como usar judiciosamente o prato de condução, e não o prato de ataque, como uma modulação rítmica, um destaque, uma pimentinha no molho, evitando assim o habitual avassalador *bum*, o tipo de porrada no prato na qual John Bonham adorava se apoiar.[43] Mais tarde, Charlie começou a usar os pratos de ataque para fazer a marcação, colorindo o som tal como um músico de jazz, e mesmo em meio ao estrondo dos Stones tocando ao vivo, ele acrescentava a nota certa, uma mudança sublime, porque as músicas não são apenas versos, refrães, pontes, introduções, solos e outros breguetes — isso é fácil demais, modular demais. Charlie era um cara do jazz que sabia não haver regras sobre colorir fora do contorno. Você misturava cores quando precisava.

Quando Brian estava na banda, Charlie tocava *bateria*. Agora, cada vez mais, parecia que ele estava tocando a *banda*.

Muito tem sido escrito sobre *Exile on Main St.*, pois sua criação é uma parte imponente da mitologia dos Stones. E, mais uma vez, é difícil imaginar alguém que nunca tenha ouvido nada sobre essa história, mas eis a essência: os Stones, em autoexílio fiscal na França, vão à procura

---

43 E, novamente, é por isso que, quando você ouve Led Zeppelin quando está bêbado/chapado, tem a impressão de que está ouvindo o telefone tocar quando na verdade não está.

de um lugar para gravar. Incapazes de encontrar um estúdio adequado, eles acampam na casa de Keith, *Nellcôte*, uma mansão na Côte d'Azur que já havia sido uma espécie de posto avançado da Gestapo, ainda ostentando suásticas nas grades do porão. E foi ali que eles se prepararam para fazer o maior disco de rock'n'roll de todos os tempos, a ser gravado no Rolling Stones Mobile Studio, que acabaria se tornando uma lenda por si só, passando a ser usado pelo The Who, Fleetwood Mac e Bob Marley, para citar apenas alguns. O Led Zeppelin, que não tinha um porão, mas tinha algo chamado Headley Grange, também fez uso do espaço com grande sucesso.

Muito do *Exile* foi gravado à noite, a programação em grande parte alinhada em torno dos hábitos entorpecentes de Keith Richards.[44] Depois que escurecia, a banda descia para o porão juntamente a uma galáxia de namoradas, traficantes de drogas e parasitas que varavam a noite e faziam o escambau no andar de cima. Todo mundo que não tinha problemas com drogas, ao que parece, saía dali com um, ou minimamente ficava a caminho de arranjar um.

Charlie e Bill ficavam a salvo em outro lugar e, como Keith seguia sua musa, eles nem sempre estavam por perto quando Keith estava pronto para gravar.

Jimmy Miller estava começando a desanimar — como alguém dava conta de cuidar daqueles caras e, mais ainda, de acompanhar Keith sem morrer, já era um pequeno milagre em si —, mas juntamente ao engenheiro Glyn Johns, ele conseguiu manter as coisas rolando, até mesmo quando começou a adotar os piores hábitos de Keith. Ele até tocou bateria em algumas faixas, incluindo "Shine a Light", "Happy" (principalmente porque Charlie não estava por perto, apostando, como todos os outros ali, se Keith ia ser encontrado na vertical, horizontal, ou alguma

---

[44] É claro que há uma parte menos romântica da história, pois as fitas do porão dos Stones ganharam camadas de áudio, foram adoçadas, corrigidas, polidas e completadas nos confins um pouco menos mitológicos do Sunset Sound em Los Angeles. Mas com certeza dá para se ouvir as drogas e o suor de porão na porra toda.

dolorosa posição intermediária) e um pouco em "Tumbling Dice", que já é outra história.[45]

Um jazzista chamado Bill Plummer foi contratado para tocar baixo em algumas faixas, e se apresentou habilmente, mas tal era a vibração dos Stones que o porão era como um buraco negro de Rolling Stonesismos, e nada escapava — nenhuma luz, nenhum riff perdido. E não importava quem tocava o quê, era coisa do Keith, e nunca soava como nada além de The Rolling Stones.

"All Down the Line" é provavelmente a música perfeita dos Stones. Dos golpes do riff da guitarra de abertura e a batida atrasada de Charlie contra as cordas que o alimentam, é uma disputa de sons impecável — dotada de alma, doce e suja. Até as faixas descartáveis de *Exile* brilham — "I Just Want to See His Face", "Stop Breaking Down", "Shake Your Hips" — tudo essencial ao firmamento de *Exile* tal como as estrelas são parte do céu.

---

45 Miller já havia substituído Charlie em "You Can't Always Get What You Want" — quando Charlie estava tendo problemas para "encontrar o ritmo" que Miller tanto queria, o produtor sentou-se e tocou. Pode-se pensar que Charlie tenha ficado entediado esperando a trompa e o coro terminarem sua interminável baboseira — mais uma influência questionável dos Beatles —, mas é claro que isso foi gravado em uma data posterior, tamanha é a magia da gravação moderna e, portanto, não é uma desculpa viável. O groove de Miller é intrincado — pular o tempo quatro na caixa durante os versos deu ao corpo da música um toque mais solto e criou uma sensação maior de liberação no final, isso sem mencionar que também garantiu algo que nenhuma banda de bar jamais acertaria. Charlie não estava lá muito empolgado com Miller à bateria, mas até onde se sabe, ele foi amável. Em versões ao vivo posteriores, Charlie invariavelmente acertou o contratempo no dois *e* no quatro, o que possivelmente deixou a música menos funky do que no disco, mas a lição aqui é que você nem sempre consegue o que quer, não quando está tocando em galpões de vinte mil lugares: o estúdio e o palco são coisas diferentes; o primeiro tem a ver com a criação de um espaço que pode nem existir, o segundo diz respeito à movimentação do ambiente. De qualquer forma, o verdadeiro gancho da música não era a batida, mas as reviravoltas malucas, *tocadas agressiva porém melodicamente* na bateria — "If you try some time, you just might find, you get what you need" — enchendo o ambiente com estilhaços e colocando o feliz evangelho dos versos e a urgência religiosa dos refrães em nítido contraste. Isso era tudo Charlie, e era aqui que a música vivia. Em "Tumbling Dice", Miller chega bem no final, outro exemplo de que é mais fácil sentar e tocar a porra toda do que passar a tarde tentando explicá-la, e com uma tesoura e fita adesiva (porque era assim que os discos costumavam ser feitos), *voilà*. Mais importante, "Tumbling Dice" é um exemplo lendário de música que vive no próprio tempo *muito específico* — reza e lenda que foram necessários mais de 150 takes para Keith encontrar o ponto ideal, e isto permaneceu um ponto sensível com Mick por anos, que sempre queria acelerar quando tocava ao vivo. A julgar pelos registros gravados, Mick sempre venceu essas batalhas — afinal, você faz discos com poesia, mas toca o show com prosa —, mas não há como derrotar a elegância sem pressa do original.

Com Brian Jones, os Stones tocavam *canções*. Agora, eles tocavam *música* — eles se tornaram muito capazes de se estender e tocar bem além do blues de Chicago que despertou sua gênese.

Mick não era apenas um gênio do legato — ele era capaz de fazer qualquer coisa soar obscena —, mas também um pugilista vocal quando se tratava de cantar rítmica, poderosa, alegre e precisamente e, quando sentia vontade, com uma clareza do caralho. Ao longo dos anos, Charlie foi ficando cada vez melhor em captar esses momentos e criar aquela comoção que parecia parar o tempo, onde a batida explodia em uma supernova de bateria e vocais.

"Loving Cup" em *Exile* foi o ápice: tudo o que Charlie aprendera com Earl Palmer, Bo Diddley, Jimmy Miller e o desinibido baterista de Charles Mingus, Dannie Richmond, fora semeado nesse campo de R&B, gospel e kung fu do espaço sideral. Foi praticamente um retorno aos contragolpes mirados na métrica descontraída de "You Can't Always Get What You Want", mas com todo o otimismo hippie extirpado. Apesar do groove de soul funky ao estilo de Nova Orleans e do final matador, a incrível pancada de rock pesado de Charlie quando Mick atingiu o refrão foi o verdadeiro destaque do show. Era dança moderna na bateria, misturando assinaturas de tempo ao acrescentar uma batida para manter Mick flutuando na primeira parte, *"Give me little drink..."* antes de cair de volta no groove, e depois abri-la novamente naquele timing excêntrico quando ele canta o verso seguinte, *"Just one drink...".*

Mudar as assinaturas de tempo de compasso em compasso é o tipo de coisa que você esperaria de roqueiros progressivos inseguros, aqueles muito sabichões. Mas nas mãos de Charlie, soou completamente orgânico. Ele tocou com intensidade, mas também havia fluidez, e mesmo enquanto estava acontecendo, era difícil ver exatamente onde iria pousar. Porém nunca houve a sensação de que algo estranho ocorria ali, a menos, é claro, que você tentasse tocá-la também — era uma merda avançada, nível faixa preta para cima, alucinante para qualquer amador que tentasse pegar o *lick* sem se perder na batida a mais. Mas já revelei o segredo dessa empreitada: *se você está tocando a melodia, você não precisa contar o tempo da música.*

Charlie, que nunca havia tido uma única aula de bateria, uma cria do jazz que não tinha o virtuosismo para tocar como seus heróis do jazz — sua mão esquerda que era capaz de deslizar na caixa, criando um fluxo contínuo capaz de alternar urgência e diversão tal como faziam seus heróis Philly Joe ou Tony Williams — estava criando novas maneiras de entrar na música, subindo diretamente para as entranhas da coisa e derramando-as para todos verem. Pode não ter sido agradável, mas com certeza foi lindo. Assim era o mundo dos Rolling Stones.

Naqueles anos, Charlie andou fazendo uns trabalhos por fora, primeiro no LP autointitulado de Leon Russell, tocando em uma faixa juntamente a Bill Wyman. O que pode ter parecido um grande golpe, pegar a seção rítmica dos Rolling Stones para tocar em outro disco, exceto que em um punhado de músicas ele não só tinha Charlie e Bill, como também tinha Mick nos vocais — isso sem mencionar metade dos Beatles, com George e Ringo entrando na briga. Leon Russell sempre teve muitos amigos pesados.

De qualquer forma, além de ser um ótimo disco, *Leon Russel* é aquela adorável anomalia de Charlie e Ringo chapinhando no mesmo lago. Uma das coisas realmente boas dessa sessão foi uma versão inicial de "Shine a Light", então intitulada "(Can't Seem to) Get a Line on You", alguns anos antes de aparecer em *Exile*, e cantada por Mick — Leon Russell se relega ao piano — com Bill no baixo e Ringo na bateria, uma notável colisão de talentos. Se você quisesse ver como Ringo e Charlie lidavam com a mesma música, bem, essa *não* é a oportunidade, pois lembre-se, Jimmy Miller tocou em "Shine a Light". Ainda assim, se você quisesse ouvir Ringo tocando com os Stones, isso seria o mais próximo possível nesse quesito, e ele fez um trabalho maravilhoso mantendo o groove gospel-soul com suas próprias viradas levemente desequilibradas e um toque sólido.

Mais reveladoras são as músicas que Ringo toca nesse chamado por um blues profundo: "Shoot Out on the Plantation" e "Hurtsome Body" são um tanto carregadas de Ringuismos — pesadas no bumbo, repletas de rufos no chimbal —, o tipo de coisa que funcionou em discos posteriores dos Beatles, mas acabou falhando aqui, meio que matando qualquer chance que as músicas tivessem de suingar, enquanto Charlie em "Roll Away the Stone", reconhecidamente um caso simples, parece elevar a música inteira.

Como tal, é um bom lembrete de que os Beatles jamais seriam os Stones, assim como os Stones nunca seriam os Beatles (apesar de algumas tentativas), e se você se pergunta se Ringo e Charlie estavam fazendo o mesmo jogo, basta ouvir os Beatles tocarem "Kansas City", que nas mãos deles soa leve e fria, ou "Revolution", que é propriamente pesada (ah, aquela guitarra!) e se desenvolve em uma batida shuffle, mas com um bumbo capaz de matar qualquer blues legítimo, mais pulsando do que suingando. Uma boa bateria, com certeza — *bum pa bum papa bum!* —, mas o tipo de coisa que daria certo em Chicago.

Houve também outro disco com Charlie Watts e Bill Wyman, lançado em 1971, uma coletânea simples chamada *The London Howlin' Wolf Sessions*. Na verdade, era um disco muito agradável (se não quase tão profundo quanto uma produção original de Howlin' Wolf em Chicago ou Memphis), e uma bela oportunidade para Bill e Charlie se sentarem com um dos grandes heróis dos Stones e, para o restante de nós, ouvi-los se divertindo longe da multidão enlouquecida de Mick e Keith.[46]

---

46 Falando em se distanciar de Keith, a incapacidade de Keith Richards de sair da cama determinada noite (interprete como quiser) levou a um artefato que acabou ficando conhecido como *Jamming with Edward*: em uma sessão no Olympic Studios com o restante dos Stones, Charlie, Bill e Mick, mais o pianista Nicky Hopkins e o guitarrista ás nos slides, Ry Cooder, que estava ali para auxiliar no processo de saída de Brian (mas acabou deixando a banda, amargado por seu trabalho não ter sido corretamente creditado, uma história para outro livro, talvez). De qualquer forma, mesmo com três Stones oficiais, além de um guitarrista e um pianista tão bons quanto possível, a banda soou perfeitamente desdentada sem Keith. Algo *vagamente* semelhante aos Stones, em grande parte devido a Charlie, cujo estilo pessoal ofusca, e, é claro, a voz de Mick, porém foi uma espécie de macarrão sem queijo — de tal modo que, na verdade, quando os Stones ficaram temerosos de lançar esse desperdício de fita perfeitamente gravada como um LP, veio com um aviso de Mick: "Espero que você gaste mais tempo ouvindo este disco do que nós passamos gravando." Uma peculiaridade que vale a pena observar: Bill toca de maneira muito diferente quando Keith não está por perto, sem a mesma sutileza que ele cunhou nos Stones, abrindo caminho através das mudanças, e saindo na frente aqui e ali com o tipo de merda que faria o canivete de Keith pular do bolso. Bandas são um negócio engraçado nesse lance de quem é e quem não é substituível, isso sem falar na influência que as figuras peso-pesado causam aos outros ao seu redor.

Mas era um engodo, é claro, uma forma de ganhar dinheiro montando um pseudossupergrupo e juntando Eric Clapton e alguns caras dos Stones (isso sem falar em Steve Winwood, que gravou dobras de seu trechos posteriormente). Mas como resistir ao convite para fazer um disco com Howlin' Wolf? Ora, teria sido egoísta não fazê-lo!

E este, também, foi essa *avis raris*, um disco que conta com a participação tanto de Charlie quanto de Ringo.

Ringo, por sinal, só apareceu em uma faixa do disco, "I Ain't Superstitious", a qual ele ataca com um funk desnecessário, o tipo de coisa que foi pura genialidade em "Come Together" ou "Ticket to Ride", mas que é basicamente um empecilho para um blues sujo e baixo. Tudo em que Charlie põe a mão, é claro, flui lindamente. Sem exagero, mas a diferença entre os bateristas *diz alguma coisa*, e é uma boa prova de que Ringo não teria durado cinco minutos nos Rolling Stones. O que não quer dizer que Charlie seja um baterista melhor do que Ringo — afinal, honestamente, quem se importa? —, mas sim apenas um lembrete amigável de que tocar bateria tem tudo a ver com *contexto*.

Finalmente, *penetração*.

A agressividade e o foco conquistados entre a turnê de 1969 e o que foi produzido nos anos subsequentes foi um salto gigantesco para a humanidade.

Em 1969, os Stones se diplomaram facilmente como o líder de sua turma. Eles eram algo a ser apreciado, e até mesmo admirado. Nos dois anos seguintes, eles eram algo a ser *temido*, gângsteres tão comandantes do próprio destino, tão infatigáveis e implacáveis em seu ataque, que qualquer um que estivesse na mesma linha de trabalho tinha de parar e questionar o que diabos estava fazendo, e se de fato havia motivos para continuar.

Um certo agente nessa mudança foi o acréscimo do naipe de metais de texanos — Bobby Keys e Jim Price —, que ajudaram a transformar A

MAIOR BANDA DE ROCK 'N' ROLL DO MUNDO em um teatro de revista do soul, cruel e intransigente, sobrecarregada e fodona. Os metais soavam como se tivessem sido sequestrados sob ameaça do Muscle Shoals (a meca de gravações lendárias), reprogramados pessoalmente por Keith Richards e calibrados com anfetaminas a níveis cavalares — cristal puro, nada do lixo vendido nas ruas, só a nata, a merda que ganhava guerras. Toda a equipe parecia prestes a saquear uma farmácia.

Charlie, como sempre, era o mais equilibrado do grupo. Ele era uma estrela do rock meio esquisita — era mais provável encontrá-lo ouvindo Count Basie do que se drogando — e preferia ficar fora dos holofotes quando não estava trabalhando. Quando a banda foi a uma festa na Mansão Playboy, ele ficou famoso por ter passado a maior parte do tempo jogando pinball enquanto o restante dos Stones botava para quebrar — eles eram um grupo de entusiastas de drogas e moda, picarescos, mulherengos, sempre no alvo dos noticiários, mas, contanto que tocassem com a convicção de assassinos em série bem-sucedidos, podiam se dar ao luxo de ostentar seu estilo de vida louco.[47] No palco, quando Keith estava fodido *demais* ou solto *demais*, quando Mick estava muito ocupado se pavoneando ao microfone, ninguém se importava. Na verdade, isso só fazia aumentar a mística e alto senso de perigo deles, margeando em torno do caos e do controle. Mas o baterista não gozava de tal luxo, jamais poderia. Se Charlie falhasse uma batida ou entrasse errado no "um", todo mundo saberia. Se a bateria parasse, seria um desastre, as Muralhas de Jericó iriam abaixo.

O estilo de Charlie era aparentemente descomplicado, porém impossível de duplicar. Ele era um sábio iluminado, desacorrentado. Seu singular senso de síncope do velho mundo e seu frenesi futurista recém-descoberto impulsionaram os Rolling Stones para o topo em um estrato incomparável de audácia, coragem e revolta, e seu compromisso inabalável para com a música criou uma plataforma de lançamento as-

---

[47] Jazz, blues, rock, seja o que for, Duke Ellington resumiu muito bem quando declarou: "É como um assassinato; você toca com a intenção de cometer alguma coisa."

tuta para o vocalista, que cantou e cuspiu com mais alma do que nunca, antes ou depois.

A diferença entre "Stray Cat Blues" em 1969 e "Stray Cat Blues" em 1971 era a diferença entre gatinhos brincando debaixo de um cobertor e pumas selvagens devorando seus filhotes. Mick rosna. Charlie mostra as garras. Os metais ronronam.

"Live with Me", gravada ao vivo no Roundhouse em Londres, em 1971, durante a breve turnê pelo Reino Unido, representa os quatro minutos mais impressionantes já gravados do puro rock 'n' soul, com Nicky Hopkins liderando a banda ao piano — revelando as raízes secretas do boogie na música, uma espécie de epifania, já que o conceito de algo tão amigável quanto um piano flexível não fica tão evidente na versão de estúdio — antes de o *lick* da guitarra assumir mais um riff destruidor pós "Satisfaction", o tipo de coisa que viria a se tornar a base de todo hard rock subsequente.[48]

Os metais gritam, buzinam e gemem. Mick canta e grita sobre carne e prostitutas, ratos d'água e empregadas francesas sendo fodidas atrás das portas da despensa. Como algo poderia ser tão *sexy* e tão *brutal* ao mesmo tempo?

Este era o momento mágico, o nexo perfeito entre arte, drogas e delineador, e se Richard Nixon tivesse entendido, ele teria colocado um fim naquilo. Isso foi rock 'n' roll de uma maneira muito real, muito feia, um ataque ao establishment e tudo o que era decente. Foi o pacto do rock 'n' roll cumprido.

Assistir a *Ladies and Gentlemen: The Rolling Stones*, o documentário da turnê norte-americana de 1972 para promover *Exile*, é ver um grupo atingir um nível de excelência jamais igualado, entrelaçando blues, rock 'n' roll, jump blues, *jive* e sujeira total em uma sinfonia de boogie-woogie, sexo, glam rock e violência, algo que jamais poderia ter sido feito sem um

---

48 Frequentemente pirateados, os Stones lançaram oficialmente esta versão de "Live with Me", juntamente a uma generosa dose de outras faixas ao vivo e outtakes igualmente arrasadores, na reedição de luxo de Sticky Fingers.

baterista que não tivesse o *roll* do rock correndo em suas veias, que não fosse obcecado por jazz, swing e big bands. Havia grupos que tocavam *mais pesado*, mas ninguém tocava com *mais intensidade*, ou com uma primazia e confiança tão fascinantes — o The Who e o Led Zeppelin soavam francamente *rococó* em comparação ao caos altamente destilado dos Stones.

Jamais teria sido possível duplicar "Street Fighting Man" tal e qual foi gravada no estúdio, ao menos não por cinco caras com guitarras e bateria espalhafatosas, sendo assim, na performance de palco os Stones simplesmente optaram por destroçá-la — o violão deu lugar a um riff elétrico. O baixo entrou com um retumbar mais meteorológico do que puramente musical, e onde antes havia uma campanha estoica na bateria, agora figurava uma violenta enxurrada de chimbais salpicando o refrão, pratos de ataque explodindo como dispositivos incendiários colando na marcação da batida mais fraca, rulos rápidos e marcações militares na caixa incitando o final da música para o reino de uma insurreição genuína — o equivalente rock 'n' roll a um motim estudantil. Provavelmente as autoridades estavam comendo mosca por nunca terem interferido com mangueiras de incêndio e gás lacrimogêneo no segundo em que Keith tocava o riff de abertura.

Os Stones estavam fazendo o que queriam com a história do rock 'n' roll e tinham chegado tão longe que agora estavam desconstruindo e reconstruindo seus próprios ataques estratégicos, aparentemente no ato. Quando lançaram "Rip This Joint" no *Exile on Main St.*, a música mais rápida do repertório, Charlie ficou bem satisfeito por poder brincar nos intervalos, suingando forte, porém sem romper nenhum limite. Mas agora, ao vivo, depois de conviver com ela por alguns meses, ele estava se divertindo com o expressionismo selvagem de um dançarino moderno trinado pelo tribalismo africano e sinais extraterrestres. Era uma nova linguagem, até então inédita no que havia começado num jogo intrincado de jump blues e jive.

Charlie estava mudando o tempo e o espaço para criar essa nova realidade — "Midnight Rambler" demorava algo entre nove e treze minutos nas turnês, a depender, creio eu, da quantidade de drogas que Keith

OS STONES ESTAVAM FAZENDO O QUE QUERIAM COM A HISTÓRIA DO ROCK 'N' ROLL E TINHAM CHEGADO TÃO LONGE QUE AGORA ESTAVAM DESCONSTRUINDO E RECONSTRUINDO SEUS PRÓPRIOS ATAQUES ESTRATÉGICOS, APARENTEMENTE NO ATO.

tivesse consumido antes do show, e do quanto Mick estava se divertindo ao provocar o público, e nenhuma música na história jamais explorou com tanta graça improvisada e primitivismo atávico o hoodoo do Delta, o blues urbano e shuffles impossivelmente ostentosos, combinando tantas vibrações incongruentes: *Let's boogie! I'm the Boston Strangler! I'm going to stab you! Suck my cock! Let's boogie some more!*

Já "Midnight Rambler" fluía com bastante facilidade com um shuffle lascivo porém descontraído, o tipo de coisa que os Stones vinham aperfeiçoando desde o começo, exceto que aqui eles forçavam os limites cada vez mais, acelerando e aumentando gradualmente em intensidade — *expectativa!* — antes de decolar como um foguete rumo a uma farra manhosa, irrestrita, four-on-the-floor[49] que atravessava a diferença entre "blues" e "rock", um arranjo espetacular de bateria que, juntamente à guitarra de Keith, sob a afinação tradicional, porém com um capo no sétimo traste para aumentar a tensão, arrastava todo mundo numa onda de assassinatos vertiginosos.

Nem prestem atenção em "Helter Skelter" — por mais charmosa que fosse, não tinha suingue. "Midnight Rambler", porém, era jazz em todos os sentidos. Tinha *carisma*. Tinha *magnetismo*. Tinha *profundidade*. Era *sexy*, e estava no perigosíssimo limite da improvisação, ecoando as mudanças de tempo de Mingus e seu agressivo baterista Dannie Richmond, um sujeito capaz de estraçalhar a trilha sonora tanto nos cultos de oração quanto num ringue de luta exóticas com o mesmo tipo de abandono selvagem.

"Midnight Rambler" era uma música que estava pau a pau com uma *cena de crime*. Charlie solta modulações rítmicas como cápsulas de bala. Mick soa como se estivesse sugando a vida da gaita. Ele faz associações gratuitas sobre sexo oral. Linhagens de Chicago e do Delta do Mississippi sobem feito vapor. A mensagem era terrível, falava de estupro e assassinato.

---

49 É um padrão de ritmo constituído por quatro [notas musicais] semínimas consecutivas dentro de um compasso 4/4 na música. Essa batida normalmente é tocada no bumbo do kit de bateria, o que explica sua tradução literal, "quatro-no-chão". [N. do E.]

Quando a música termina, as mulheres estão aos berros. É difícil dizer se estão excitadas ou assustadas. Provavelmente um pouco dos dois. Há muito tempo, uma campanha publicitária fofinha dizia o seguinte: *Você deixaria sua filha se casar com um Rolling Stone?* Hoje em dia, a pergunta pertinente seria: *Por que diabos eles não estavam na cadeia?*

Gustav Mahler, que certa vez proclamou que a sinfonia deve abranger o mundo, teria parado, olhado e escutado caso tivesse sido confrontado por essa suíte de ameaças e hoodoo extático. Ele provavelmente teria escrito um movimento final redentor para esses caras. Algum dia, tenho certeza de que alguém o fará.

6. A PALAVRA COM "V"

Foi Muddy Waters quem me contou que tinham mentido para mim.

Havia se passado mais ou menos uma semana da minha ida ao concerto de Jeff Beck no antigo Palladium da 14th Street, em Manhattan — uma viagem de campo cuja culpa atribuo à névoa da guerra resultante da combinação de ensino médio e maconha —, e a sabedoria absorvida ali dizia que Jeff Beck era algum tipo de Deus, parte de uma Santíssima Trindade que incluía Eric Clapton e Jimmy Page, todos ex-integrantes dos Yardbirds — que, apesar de suas virtudes discutíveis, se provaram uma espécie de incubadora de talentos na guitarra, isto é, ao menos se você aceitar que todos que tocaram com eles depois migraram para coisas maiores e (no caso de Page) melhores.

Beck cumprira sua promessa — o espetáculo inteiro era arquitetado para provar sua primazia como um herói da guitarra. Ele articulava o domínio completo de sua Stratocaster, pintando ambiente com um espectro completo de cores, extraindo ondas de calor sônico de intensidade variável, guinchando alternadamente como animais feridos e mulheres orgásticas, e tudo isto oriundo daquele que devemos encarar como um instrumento musical primitivo, porque, afinal de contas, o que é uma guitarra elétrica senão um pedaço de madeira com alguns ímãs atarraxados nela?

Mas o primitivismo é algo que Beck jamais entenderia e, como tal, ao contrário de seu colega Jimmy Page, ele também nunca entenderia que enquanto o rock estava na guitarra, o roll estava na bateria.

Lembro-me de uma coisa chamada "Space Boogie", que prometia combinar dois dos meus temas favoritos e não entregava nenhum deles, sendo o boogie algo que você pode dançar, e o space ("espaço") um lugar que eu gostaria de visitar um dia. Em vez disso, acabamos surrados por um treino de bumbo duplo que deixou poucas dúvidas sobre a superioridade cardiovascular do baterista (mas não passou disso), uma guitarra tocada através de algum tipo de sintetizador, um monte de luzes estroboscópicas e zero música de verdade.

Beck terminou seu show com "Going Down" (o número que ficou famoso com Freddie King e uma espécie de assinatura de Beck, não devendo ser confundido com a excelente faixa dos Stones, "I'm Going Down"), que em suas mãos soava muito parecido com um rock 'n' roll genuíno, mas falhava no teste se submetido a uma inspeção mais minuciosa. Não havia nem *expectativa* e nem *penetração*, apenas *ejaculação*.[50]

O que nos leva a Muddy Waters.

Alguns meses depois do show com Jeff Beck, fui até o Beacon Theatre, no Upper West Side, para ver Muddy Waters. Assim como muita gente, conheci o blues através dos Rolling Stones. Eles amavam Muddy Waters, portanto eu também deveria amar. Teoria transitiva e coisa e tal.

Enfim, lá estava eu no Beacon, fumando mais ou menos a mesma qualidade de baseado que eu tinha fumado no show do Jeff Beck, embora desta vez estivesse compartilhando-o com um bem vestido casal negro de meia-idade, e não com um suburbano maconheiro com uma camiseta do Hot Tuna.[51] É importante observar que Muddy e Beck tocam instru-

---

50 O que me lembra das duas únicas vezes que vi Charlie Watts parecer imensamente incomodado atrás da bateria. A primeira foi quando os Stones tocaram no Hyde Park em 1969, o primeiro show com Mick Taylor, poucos dias depois da morte de Brian Jones. As guitarras estavam lamentavelmente desafinadas, e eles desossaram "Satisfaction" em um andamento enlouquecedor e semicru. Charlie está fazendo o possível para inserir um pouco de vida na música, e é possível vê-lo gritando "Vamos lá!", um tanto frustrado, nitidamente aborrecido. A outra ocasião foi quando Jeff Beck se juntou a eles na turnê de 2012 para tocar "Going Down", e a primeira nota que saiu da guitarra de Beck foi um lance meio estridente, algo que realmente não tem espaço nos Rolling Stones. No final das contas, mesmo com Mick emanando seu feitiço de sempre, o negócio ficou muito diferente dos Stones — estava mais para Jeff Beck, o ás da guitarra, assumindo o controle por cinco minutos incrivelmente longos, enquanto Charlie parecia fumegar, como se estivesse odiando cada segundo daquilo tudo, simplesmente batendo em seus pratos tempestuosamente. Keith, por sua vez, também não colaborou, sequer fez algum esforço para colocar um pouco de groove na música — aparentemente ele também estava ávido para terminar aquele show de talentos. Dito isto, Charlie sempre foi muito gentil ao falar de Jeff Beck.

51 Eu estava fingindo que tudo ali era muito normal para mim, mas a verdade é que estava secretamente em êxtase por estar tão perto da civilização. Mais tarde, fiquei emocionado ao ouvir Mick contar história semelhante, sobre sua visita ao Apollo Theatre na primeira viagem dos Stones a Nova York, maravilhado porque ele "nunca tinha visto donas de casa fumando maconha".

mentos muito semelhantes — placas de madeira com ímãs e fios —, pois a base da guitarra elétrica nunca mudou de forma brusca.

Muddy tirou de sua Telecaster o som mais maravilhoso que eu já tinha ouvido — um lamento looongo e solitário, o som do espaço e do tempo desmoronando um sobre o outro, gritos do sufocante Delta do Mississippi, ao mesmo tempo queixosos e suplicantes. "*They call me Muddy Waters*", cantou. "*I'm just as restless as the deep blue sea.*" As mãos dele eram enormes, seu dedo mal cabia no slide, e ele prenchia o salão com um atavismo perfeito e primitivo, uma única nota distorcida que falava de luxúria, frustração e conquista, um ritual de acasalamento descomprometido — expectativa e penetração! —, e foi ali que tive minha epifania. Muito parecido com o apóstolo Paulo, que certa vez escreveu em uma carta a alguém chamado Coríntios: "Quando eu era criança, falava, pensava e raciocinava como criança. Mas quando cresci, deixei de lado as coisas de criança."

Eu era uma testemunha. Vi e ouvi o que levou Chuck Berry a adorar aquele homem. Senti o que os Rolling Stones sentiram, o que os levou a começar a tocar blues e por que eles nunca foram levados a tocar um zilhão de notas, apenas as notas *certas*. Miles Davis tinha isso a seu favor também.

Que Muddy Waters e Miles Davis eram ambos virtuosos é indiscutível, mas sempre há algum fã estúpido que sente-se impelido a argumentar que a palavra com "V" sinaliza uma proeza técnica que nenhum dos dois possuía: Muddy era um primitivo inculto com técnica limitada, e Miles, apesar de toda sua educação musical e dons natos, nunca tocava com uma velocidade estonteante e seu alcance, assim como o de Frank Sinatra ou o de Billie Holiday, era limitado — notas altas estratosféricas não faziam parte do alcance dos caras —, mas, caramba!, eles tinham um tremendo talento para tocar a nota *certa*, toda porra da vez. Quando o assunto era ignorar a baboseira e expressar pura emoção humana, eles se desenvolviam assustadoramente.

Ouvi dizer que pessoas talentosas podem atingir alvos que outros não são capazes de alcançar, e gênios atingem alvos que outros não são capazes de ver. Meu personagem favorito das tirinhas do Snoopy, de Charles Schulz, é o Schroeder, o garoto obcecado por Beethoven que toca com perfeição sonatas infinitamente complexas em um piano de brinquedo. Um dia, sua amiga Lucy diz a ele: "Como você pode tocar todas aquelas notas *sendo que as teclas pretas são pintadas*?"

"Treino."

Em nenhum lugar da definição de "virtuoso" está escrito que você tem de tocar muitas notas. Inegavelmente, Jeff Beck é um guitarrista virtuoso, no entanto ele subtrai toda a virtude do virtuoso quando se coloca diante da música. Só porque você consegue fazer sua guitarra soar como um fliperama não significa que deveria fazê-lo.

Talvez você não considere os Ramones virtuosos, mas vá em frente e tente tocar alguma coisa deles *de forma convincente* — a menos que seja um estudante do negócio com uma ética de trabalho e um conjunto de habilidades capazes de rivalizar com as Forças Especiais dos Estados Unidos, é provável que você não dure muito tempo. Já ouvi todos os tipos de autointitulados músicos (principalmente metaleiros, roqueiros progressivos, jazzistas sem graça e nerds da fusão musical) afirmarem com *autoridade* que o punk nem é música (??!!), ou que *qualquer um* consegue tocar aquilo, e vi trituradores de guitarra e bateristas com anos de escolaridade e habilidade técnica incrível tentarem fazê-lo, sempre com resultados risíveis. Igualmente, já vi um milhão de bandas de punk, garotos usando jeans rasgados, jaquetas de couro pretas e tênis Converse darem conta de tocar punk no estilo dos Ramones, verdadeiros apóstolos da arte, e alguns muito bons, mas apenas um em um milhão é bom o suficiente. Além disso, faz-se necessário quatro pessoas vibrando exatamente na mesma frequência. Boa sorte com isso.

A música não é um evento olímpico, mas de vez em quando o grau de dificuldade faz diferença. A música dos Ramones pode parecer simples, mas eles foram os sumo sacerdotes de uma forma de arte que ajudaram a criar, e depois que eles lançaram seu manifesto musical — um avanço descomplicado, livre de síncopes —, não há uma banda de rock no planeta que não tenha sido influenciada por eles de algum modo.

Você não acha que minimalistas podem ser virtuosos? Diga isso para Hemingway. Diga para Thelonious Monk. Diga ao calígrafo japonês que passa a vida inteira aperfeiçoando uma linha reta ou desenhando um círculo perfeito.

O conceito masculino comum sobre virtuosismo costuma confundir proeza técnica com valor musical. Adora receitas complexas, não ingredientes puros. É um sistema tóxico que recompensa os exibicionistas e neutraliza os músicos autênticos — ou seja, mestres de sua arte inerente, e não esse modelo de guitarrista umbiguista que parece brotar em todos os cantos e recantos das escolas e faculdades do mundo. Estou falando de pessoas como Muddy Waters ou Bob Marley, Joseph Spence ou Ali Farka Touré. Virtuosismo e simplicidade não precisam ser conflitantes.

Deixe-me perguntar uma coisa: se você fosse John Lennon e pudesse convidar qualquer baterista do mundo para tocar no seu primeiro álbum solo, por que chamaria o Ringo? Porque John confiava nele para trazer toda a gama de emoções em suas músicas, e, minha nossa, que bela amostra de álbum psicodramático panorâmico, de "Mother" a "God", e Ringo conseguiu fazer tudo soar muito natural, sem forçação de barra, 100% orgânico. E ali entre os dois extremos, ele lançava peças impecáveis para os roqueiros e músicos de garagem, inserindo seu funk e temperamento discretos para o que viria a ser o melhor disco de Lennon. E daí se ele não conseguiu fazer isso com Howlin' Wolf — Charlie Watts se saiu muito bem em um projeto paralelo de Pete Townshend, mas isto não o tornava nem remotamente qualificado para tocar com o The Who, por exemplo. No caso de John Lennon e dos Beatles, Ringo era insubstituível.

Hoje em dia, tudo mundo, ao que parece, é melhor em tudo: jogadores de hóquei, jogadores de xadrez, saltadores em altura, encanadores, pode citar o que você quiser... A tecnologia e a educação melhoraram incalculavelmente ao longo dos anos, assim como os maquinários, os treinamentos e a barreira reduzida para entrada em todos os campos. As escolas de música estão formando crianças capazes de tocar em níveis inimagináveis em relação à época em que os Beatles ou os Stones estavam surgindo. É fácil botar as mãos em uma guitarra elétrica hoje em dia: basta apertar um botão, e Chico Hamilton ou Muddy Waters vão vir jorrando do seu celular. Ninguém mais precisa desmantelar banjos para tocar bateria.

Os fóruns on-line sobre a banda Rush costumam ser péssimos porque exibem comentários idiotas como: "Alguém pode, POR FAVOR, explicar Charlie Watts para mim? Ele não faz nada que eu não daria conta de fazer depois de uma semana de aulas de bateria" ou "Quem são os bateristas mais sortudos do mundo?" E a resposta *de facto* é sempre: "Ringo Starr, um cara sem talento que fez fortuna tocando com *músicos de verdade*."

E para cada um desses ignorantes que tenta parecer mais alto subindo na cabeça de alguém mais talentoso do que eles, sempre há outro idiota que *deveria* ser esperto, mas simplesmente não consegue se conter — é o caso do baterista do Aerosmith, Joey Kramer, que gosta de se gabar dizendo que o Aerosmith era muito melhor do que os Stones: "Eles nunca tiveram nada a me oferecer musicalmente, especialmente no quesito bateria."

O que é irônico, porque Kramer toca bateria em uma banda que fez o seu melhor para destilar as melhores partes dos Rolling Stones, Led Zeppelin e New York Dolls — exceto que lhe carecia a finesse, imaginação ou habilidade para o suingue que fez de Charlie Watts o melhor da turma; faltava-lhe a invenção rítmica, o poder, a técnica e o destemor de Bonham; e ele nem chegou perto da arrogância natural do baterista do Dolls, Jerry Nolan, que nunca será tão famoso quanto os outros, mas cuja bateria era o equivalente musical a uma pistola, jaqueta de couro e calças pregueadas. É por isso que o Aerosmith limitar-se-ia a ser uma banda muito boa, e nunca ótima, e porque quando toco bateria acompanhando as músicas deles, na verdade eu passo a tocar *pior* — tocar junto com Kramer é como jogar tênis com alguém que rebate a bola para o fundo da quadra o tempo todo.

Ringo é criticado até quando está sendo elogiado. "Defina 'melhor baterista do mundo'", disse o ex-baterista do Nirvana, Dave Grohl, em um *tributo* a Ringo. "É alguém tecnicamente proficiente? Ou é alguém que pousa na música com o próprio sentimento?" Sugerindo, é claro, que Ringo fosse deficiente no quesito proficiência técnica, que fosse algum tipo de idiota, destreinado e trabalhando apenas por instinto, o que não é apenas insultante, é ridículo, e é esse tipo de equívoco que me faz querer vomitar. Grohl estava tentando proteger a própria reputação de baterista talentoso, ou ele estaria deliberadamente fazendo a velha piada que diz que Ringo não era tão bom, mas, é aquele coisa, ele era um Beatle?

O verdadeiro virtuoso é um modelo de humildade. Ele não é afetado. O exibido se alimenta do próprio talento. Ele faz um autoboquete só porque pode fazê-lo. O verdadeiro virtuoso não precisa disso. Veja só John Coltrane ou Jimi Hendrix — ambos tinham tórridos casos de amor com o *universo*. A música deles fazia o mundo parecer maior.

O Velho Sedutor dos Teclados, o descaradamente virtuoso e arrogante Liberace, talvez o músico mais importante a já ter passado os dedos pelas teclas, usou o dom que Deus lhe deu simplesmente para trazer alegria ao seu público. Mesmo coberto de diamantes e peles, ele projetava uma humildade pé no chão — um talento notável por si só, mesmo que não estivesse executando boogies impossíveis e interpretações aceleradas de Chopin, perpetrando o que ele mesmo chamava de "música clássica, mas sem as partes chatas", tecendo a "Valsa do Minuto" em tempo recorde. Ninguém jamais saía de uma performance de Liberace sem ter absorvido um pouco de seu charme radiante.

Em algum lugar li que virtuosismo requer excelência consistente e impecável. Naturalidade e conforto não apenas nas passagens difíceis, e uma capacidade de levar humanidade e coração às peças mais simples. Achei muito bom.

Vic Firth é muito mais famoso agora pela fábrica de baquetas que leva seu nome do que por sua atuação como timpanista virtuoso da Orquestra Sinfônica de Boston. Mas o que seria de fato um *timpanista virtuoso*? Você por acaso já ouviu longos treinos de tímpano na sala de concertos?

O VERDADEIRO VIRTUOSO É UM MODELO DE HUMILDADE. ELE NÃO É AFETADO. O EXIBIDO SE ALIMENTA DO PRÓPRIO TALENTO. ELE FAZ UM AUTOBOQUETE SÓ PORQUE PODE FAZÊ-LO.

Há mais partes de tímpanos em uma música de Phil Spector do que em uma temporada inteira da Sinfônica de Boston. Mas quando você toca a Sinfonia nº 7 ou nona de Beethoven, e chega a hora de dar a pancada neles, é melhor você estar atento, e sem transmitir nenhum charme pessoal à música. Os tímpanos podem, sim, projetar muita emoção, *Sturm und Drang* ou vitória no caso de Beethoven, ou acoplamento cósmico no caso de Strauss, e é preciso uma musicalidade genuína e humana para tocar, só que você está sempre sob a batuta de outro tipo de virtuoso, tocando algo composto por outro, e sua opinião pouco importa. Ser timpanista pode significar tocar duas notas em uma partitura de centenas de páginas — é muito tempo esperando, e não é permitido fumar ou beber —, mas você está lá para a execução da peça, para entregar *exatamente* o que a partitura pede, na hora certa, com a precisão de um lançamento de ônibus espacial, e não para entrar no negócio por conta própria e deslumbrar a todos com sua técnica maravilhosa. É muito diferente do tipo de virtuosismo gozado por Ella Fitzgerald ou Frank Zappa, mas se você estiver procurando por um show que implora por excelência musical completamente firme e altruísta em prol do bem maior, seria esse.

Mais direto ao ponto, virtuosismo é apenas uma palavra. Repita-a muitas vezes e verá que ela não significa nada. Você pode chamar uma torta de bolo, mas isso não vai mudá-la, e quem pensa que Jeff Beck ou Buddy Rich oferecem mais potência musical do que Muddy Waters ou Charlie Watts apenas com base na ilusão de suas proezas instrumentais, está perversamente errado. Sem dúvida, A MAIOR BANDA DE ROCK 'N' ROLL DO MUNDO precisava do MAIOR BATERISTA DE ROCK 'N' ROLL. Mas se você estiver se perguntando quem é "o melhor" baterista, então está fazendo a pergunta errada.

7. THE HARDER THEY COME

O GIGANTESCO SHWOOP DOS PRATOS QUE MARCA A ABERTURA do álbum *Goats Head Soup*, o sucessor de *Exile on Main St.*, lançado em 1973, é muito semelhante a uma apreensão de drogas.

O som do chimbal abrindo e fechando — *shwoop!* — se tornou o significante de algo maior do que ele: um tipo de sexo que era ao mesmo tempo elegante e ilícito, um estilo de vida muito distante de qualquer sonho hippie.

Naquela época, Isaac Hayes e Curtis Mayfield estavam fazendo coisas maravilhosas, trazendo *Shaft* e *Superfly* diretamente do Harlem com riffs *shucka-wucka* enérgicos nos chimbais e pedais wah-wah bem lubrificados. Eles faziam aqueles pratos soarem como um crime na cidade. Muito em breve, filmes pornô e até equipes policiais viriam a adotar o mesmo som insinuante em suas trilhas sonoras — todo mundo queria um pedacinho daquilo.

John Bonham sabia como usar o chimbal como um prestidigitador — basta escutar a maneira como ele se anuncia na primeira música do primeiro disco do Led Zeppelin, "Good Times Bad Times" —, e depois prende a pandeirola ching-ring no chimbal para tocar "Moby Dick", *changchangchangchangchang*. É como um sorveteiro entregando o troco em alta velocidade para um exército de crianças.

Keith Moon ficou tão impressionado com os dois milhões de tambores com os quais Bonham se cercava que nem se preocupava com o chimbal.

Charlie fez do chimbal um lance dele, iluminando-o atrás do cantor para vender a música. Era sua própria estirpe de jazz, e exigia um pouco de valentia e imaginação, embora sempre fosse mais música do que músculo. Era a famosa mão direita de Watts que dava o nocaute, mas era preciso um toque suave para encontrar o espaço certo.

Goats Head Soup tinha um som claramente mais urbano do que os Stones vinham fazendo até então, uma espécie de funk leve que incitava a banda a uma versão mais sombria da realidade.[52] A alegre decadência de "Rocks Off" e "Rip this Joint", que introduziram a extensa pintura de música de raízes em *Exile,* havia evaporado. Foi o primeiro disco dos Stones que soou menos como *inspiração,* e mais como *obrigação.*

Os problemas de Keith com a justiça eram tão épicos quanto seu problema com drogas — eles começaram a gravar *Goats Head Soup* no final de 1972, no Dynamic Sound Studios em Kingston, Jamaica, não tanto por escolha, mas porque não havia muitos outros lugares que aceitariam recebê-los. "A Jamaica era um dos poucos lugares que nos deixava entrar", conta Keith na história oral dos Stones. "Nove países me expulsaram, muito obrigado, então era uma questão de manter a roda girando..."

O Dynamic Sound, onde se estabeleceram para fazer o disco, era bem diferente do seguro lar europeu familiar a eles. A entrada tinha um grande portão ladeado por guardas armados, e o equipamento ficava pregado no chão para que ninguém conseguisse roubá-lo. Assim era Kingston em 1972 — e não surpreende que um dos melhores filmes de *gangsta* de todos, *Balada Sangrenta,* a história de um assassino de policiais que vira estrela pop, tenha sido filmado lá. A trilha sonora — uma obsessão de Keith, e o primeiro grande brilho do reggae para o mundo moderno — foi majoritariamente gravada no Dynamic.

Todo o cenário poderia muito bem ter soado como uma proposta romântica para Keith, que acabaria se apaixonando tanto pela Jamaica que basicamente se mudaria para lá, mas no momento ele era um viciado, trabalhando sob a longa sombra de *Exile on Main St.* e da turnê mundial que se seguiu, lutando para evocar juju[53] suficiente para preencher os dois lados de um LP.

---

52 "Seu cérebro vai fugir pelos seus ouvidos quando você escutar *Goats Head Soup!*" — de um anúncio na TV com voz do DJ Wolfman Jack.

53 Em um sentido amplo, o termo *juju* pode ser usado para se referir a propriedades mágicas relacionadas à boa sorte. E também é uma gíria para "baseado" (sim, o cigarrinho de maconha). [N. do E.]

À medida que amadurecem, todos os grandes artistas se veem numa batalha. Coltrane foi discípulo de Charlie Parker antes de explodir com a música própria, disparando do estilo sheets of sound,[54] passando por *A Love Supreme*, até chegar um tipo de jazz do espaço sideral que poucos conseguiam entender. Demorou alguns discos para David Bowie perceber que ele realmente tinha vindo do espaço sideral. Certa vez, Ornette Coleman foi espancado, e seu saxofone jogado no lixo, em Baton Rouge, por ter tocado R&B em um estilo que não agradou aos locais. Sua ousadia nas improvisações foi responsável por mudar as regras de harmonia, melodia e ritmo e ajudar a inventar o "free jazz" (só para terminar massacrado por puristas do jazz que também não conseguiam entender seu trabalho). As primeiras telas de Dalí pareciam Van Gogh, as de Picasso pareciam Raphael (ou uma das outras Tartarugas Ninja), e então, de repente, os relógios começaram a escorrer das árvores e as mulheres começaram a surgir com dois olhos do mesmo lado da cabeça. E assim foi com os Rolling Stones. Eles começaram como uma banda de covers e cortaram um dobrado com a composição de músicas, e então, de repente, eram um furacão de fogo cruzado, maracas e uma série de sucessos. O problema é que, tal como Ícaro, ele se aproximaram demais do sol.

Keith relatou à revista *Creem*, "Comecei a seguir meu caminho... que era basicamente ladeira abaixo rumo a Chapadópolis — e Mick subiu para a Jatolândia."

Não é fácil estar em uma banda, mesmo quando todos estão consumindo as mesmas drogas. Mas as coisas começaram a ficar esquisitas quando todos perceberam estar dormindo com as mesmas mulheres, quando começaram a aparecer cadáveres na piscina, quando o guitarrista se revelou um viciado em drogas impenitente que, quando não estava cochilando ou chapado (ou fugindo da justiça, ou trancado em seu quarto numa crise de abstinência), estava viajando sob os efeitos de cocaína e

---

54 Foi um termo cunhado em 1958 por Ira Gitler, crítico de jazz da revista *DownBeat*, para descrever o novo e singular estilo de improvisação de John Coltrane. [N. do E.]

metanfetamina, passando dias e dias em claro (seu recorde sem dormir foi de impressionantes nove dias), trabalhando freneticamente, bebendo mais uísque do que Charles Bukowski e Jerry Lee Lewis combinados, e, louvado seja, *fazendo tudo fluir*.

Enquanto isso, o caso de amor do vocalista para consigo não demonstrava sinais de desaceleração — tonto com o estrelato e flutuando em um redemoinho de moda e sexualidade, ainda tentando se encontrar mesmo depois de ter se provado um letrista e vocalista de grande profundidade e emoção, um inigualável animador e líder do rock 'n' roll, o *exemplo* do que uma estrela do rock deveria ser, ele ainda não tinha certeza se deveria bancar o espalhafatoso ou o machão.

Charlie era algo como o homem hétero em uma comédia britânica — a cola solidária entre o guitarrista-drogado-fortemente-armado--e-com-ares-de-pirata e o vocalista-andrógino, e é por isso que Charlie Watts é o cara: ele tinha vindo para tocar. Keith e Mick nem sempre estavam bem nessas sessões, e quando Bill se cansou desse tipo de idiotice infantil, ele simplesmente mandou todo mundo se foder e deixou Keith encarregado do baixo enquanto aguardava o início da próxima turnê. Mas Charlie havia se tornado uma essência mereológica para o grupo, o eixo em torno do qual os Rolling Stones giravam.

Ao ouvir qualquer um dos discos mais recentes dos Stones, dava para perceber instantaneamente que eram eles, *só pelo som da bateria*. Isso era sentido nas combinações de caixa e tom-tom por trás do riff em "Monkey Man" de *Let It Bleed*. Estava totalmente presente também em *Sticky Fingers* — ninguém mais teria tido a ideia de tocar a introdução e as viradas em "Sway" tal como Charlie Watts fez. As reviravoltas em "Bitch" e o final implacável de "Brown Sugar", assim como aqueles excelentes momentos em "Loving Cup" e a explosão no início de "All Down the Line", uma mistura de relaxamento e malvadeza. O contratempo se tornou monstruoso tanto em poder quanto em nuances, perseguindo Keith do jeito que ele mesmo fazia com a caixa, golpeando com notas fantasmas e minirrulos sinfônicos que precediam o downbeat. Como um pugilista, ele sabia como fintar e golpear e depois soltar o grande gancho de direita.

Don Was, que mais tarde viria a se tornar o produtor dos Stones e trabalharia na remasterização de *Exile*, proclamou que "se tem uma coisa que o [álbum] *Exile* prova, é que você pode colocar Charlie Watts em um porão úmido ou no melhor estúdio de gravação do mundo e ele vai soar como Charlie Watts."

"Tudo em Charlie é natural", disse Keith à *Rolling Stone*, "principalmente a sua modéstia. É *absolutamente* real. Ele não consegue entender o que as pessoas veem em sua bateria."

———

A vida sempre foi fácil para os vocalistas. Eles já saem do útero se esgoelando, e os bons já se descobrem a partir daí. É claro que na história da música houve poucos grandes *estilistas* — genuinamente originais —, mas não havia como confundir uma grande voz com outra...

ROBERT PLANT, CARMEN MIRANDA
JANIS JOPLIN, AL JOLSON
FRANK SINATRA, HANK WILLIAMS
LITTLE RICHARD, JAMES BROWN
ELVIS PRESLEY, BOB DYLAN, JOHNNY CASH
ARETHA FRANKLIN, BILLIE HOLIDAY E POR AÍ VAI...

E guitarristas também, embora nesse caso tenha sido necessário muito mais trabalho pesado e inovação em comparação ao mero ato de expirar.

BO DIDDLEY, CHUCK BERRY, KEITH RICHARDS
JOHN LEE HOOKER, POPS STAPLES
ELMORE JAMES, B.B. KING
LINK WRAY, PETE TOWNSHEND
JIMI HENDRIX, EDDIE VAN HALEN ETC.

Mas quando falamos de bateristas, a coisa muda de figura.

Keith Moon, assim como Charlie Watts, se tornou um grande baterista ao quebrar todas as regras sobre técnica e ritmo que os bateristas normalmente aprendiam, enquanto John Bonham fazia tudo *direitinho* — sua técnica era virtuosa, seu conceito de rock 'n' roll, de *expectativa* e *penetração* não era apenas impecável e complexo, mas muito mais avançado do que o de qualquer um que havia sentado atrás da caixa antes dele.

Bonham também conhecia bem a natureza elusiva do tempo: *Os suíços o inventaram! Os americanos diziam que era dinheiro! Os italianos o desperdiçavam! Os indígenas diziam que não existia!* O que era essa coisa chamada *tempo*?

Bem, era algo para os bateristas manipularem: acelerar quando sentiam que precisavam pisar fundo, desacelerar para criar *expectativa*. O tempo era algo muito maleável.

Bem, para bateristas que eram simplesmente *bons*, talvez nem tanto, mas para os *excelentes*, com certeza. Ouça Bonham em "Kashmir" — os andamentos mudam constantemente ao longo da música. Os versos empurram, os refrães puxam.

Moon, é claro, nutria pouco interesse pela noção convencional de contagem de tempo — para o The Who, era mais uma questão de impulso. Mas Charlie também sabia que o tempo era elástico.

Keith Richards contou à revista *Modern Drummer* sobre uma sessão na década de 1980: "No estúdio havia um monte de material de alta tecnologia, e os caras usavam click track[55] e tudo o mais. Fizemos alguns testes com aquele aparato. Charlie e eu estávamos nos olhando, aquela expressão de *sabemos no que vai dar*, mas ele tinha que vencer a máquina. Ele perguntou, 'É assim que você quer? Aqui vai', daí ele duplicou o andamento do metrônomo do início até o final da música, perfeito, então disse: 'Agora o que essa coisa precisa fazer é aumentar um pouco o ritmo

---

[55] Click track é um metrônomo audível usado pelos músicos para ficar em sincronia durante a gravação de várias faixas. Geralmente o engenheiro de gravação do estúdio controla a click track, que toca nos fones de ouvido do músico.

aqui, e aí recuar no trecho anterior.'... Isso é algo que Charlie sabe de maneira inata, e é por isso que eu o amo."

Sabe aquela velha piada? Como você sabe quando um baterista está batendo à sua porta? *Porque ele acelera!* Mas um grande baterista sabe acelerar com finesse e, quando é bem-feito, não só não é um problema, como excita e incomoda, a ponto de você topar abrir a porta para quem quiser entrar.

Mas lento também é bom. Uma boa música lhe dirá o que fazer. Às vezes, Sinatra ficava tão atrasado na música que a banda arrumava as malas e ia para casa enquanto ele ainda estava cantando a ponte. Mas as mulheres ficavam. Elas entendiam.

Amantes que já foram acorrentados ao groove úmido do soul e do funk sulista simples de Al Green conhecem bem a satisfação sexual que vem com o ritmo bem executado. Tecnicamente falando, não há nada na bateria destas músicas — "Let's Stay Together", "I'm Still in Love with You", "Here I Am (Come and Take Me)" — que alguém com pouquíssima experiência não conseguisse reproduzir. Assim como ocorre em muitas músicas simples do soul e do pop, se você é capaz de contar até quatro, então pode tentar tocá-la. Mas esse ritmo mora em um lugar muito profundo da zona erógena humana, e boa sorte ao tentar traduzi-lo para os grooves de um disco.

Havia apenas um homem capaz de fazê-lo: Al Jackson Jr., que segurava o ritmo para Al Green e um bando de outros homens e mulheres do soul — ele era o baterista da Stax, o homem que segurava o ritmo para Booker T. e os M.G.'s — seu suingue enérgico e bastante simplificado em "Green Onions" ainda confunde bateristas que *acham* que sabem como imitá-lo, confiando na memória depois de tê-lo ouvido em algum comercial de TV ou filme, e acabam por arrastá-lo ao chão com notas extras. Suas batidas com Otis Redding — que se referia a Al Jackson Jr. como "o maior baterista do mundo" — são instantaneamente reconhecíveis, forçando o andamento quase imperceptivelmente, sem jamais deixar a coisa degringolar. Mas ele nunca foi tão fundo quanto aquelas faixas clássicas de Al Green. Essas músicas eram acaloradas, mas também eram *lentas*. "Al Jackson era provavelmente dez vezes mais simples do que eu", Charlie

Watts admirou-se certa vez. "Ser capaz de tocar tão devagar quanto Al Jackson é quase impossível..."

O ritmo desses discos transpira sem balançar, percola sem nunca transbordar e, quando ele abria e fechava os pratos , era quase intoleravelmente erótico.[56]

Os toques abertos e fechados de Charlie no chimbal deveriam ter *enlevado* "Dancing with Mr. D", a primeira faixa de *Goats Head Soup*, mas a coisa toda era uma chatice tão colossal que se fazia pesada demais para ser levantada por quem quer que fosse, com aquele riff funk drogado lacônico de Keith e a fala arrastada exagerada de Mick entoando assassinato por armas de fogo e veneno. Se as melhores partes de *Exile* soavam *negras*, a melhor música do *Goats Head Soup* estava mais para *Blaxploitation*.

"Doo Doo Doo Doo Doo (Heartbreaker)" foi uma boa aposta no novo som do soul urbano, com letras recortadas de algumas manchetes imaginárias, um pedaço de ficção sobre uma criança sendo baleada. Bom ritmo para dançar. Ótimo refrão, mas uma mensagem totalmente estraga prazeres. A *expectativa* tinha se tornado *desespero*. Tal era o estado das coisas que o baixista mal se deu ao trabalho de aparecer para tocar no novo disco — Bill Wyman está em apenas quatro músicas de *Goats Head Soup*.

"Silver Train" era adequada. Era boa, até. Fornecia quatro sólidos minutos de puro Stonesismo — um riff legal de Keith navegando com Charlie logo em seu encalço, alguns slides decentes na guitarra de Mick Nº 2, e Mick Nº 1 fazendo seus lances de sempre e tocando uma gaita honesta — e se você ama o som dos Stones, esta música era bem isso, mas não era preciso examinar muito de perto para perceber que eles estavam atravessando um pântano da própria efluência. Ainda assim, o lixo dos Stones era melhor do que o ouro da maioria das pessoas.

---

56 Al Jackson foi assassinado em 1975. É incrível que alguém tenha conseguido transar depois disso.

E não importa se a cabeça de Mick estava nas estrelas, e se a cabeça de Keith estava na areia ou nas nuvens, ou em algum lugar indeterminado entre um e outro — no banheiro se picando, ou vomitando, quaisquer que sejam os efeitos da heroína nos dias bons ou ruins —, pelo menos era possível contar com Charlie para completar a missão.

"Angie" era um chazinho fraco, uma balada escarrapachada e amigável para garotas que fala do término de uma relação, no entanto, a coisa mais triste aqui era que ela jamais seria "Wild Horses", assim como "Silver Train" nunca seria "All Down the Line", por mais que se esforçasse. Mas é uma bateria de balada pop tão boa que você não vai encontrar semelhante, com todas as características de Charlie Watts intactas — as viradas soltas e o groove logo atrás da batida que a tornam mais genuinamente *melíflua* do que meramente derretida e suave, porque uma música tão açucarada poderia facilmente se transformar em uma meleca nojenta se Charlie não lhe desse alma. E ele soube entregar, uma alma *abrasadora*, estourando os pratos como a tampa de uma garrafa de refrigerante, sem esforço, efervescente, mas também *ligeiramente* vingativo. Isso também fazia parte do som dos Stones — o equivalente musical a assassinar alguém mantendo um sorriso no rosto.

A ovelha negra nessa bagunça foi o sucesso adormecido "Starfucker", também conhecido como "Star Star" (embora os próprios Stones geralmente se referissem a ele apenas como o primeiro), e a coisa mais chocante nesta canção — ignoremos as partes sobre Polaroids pornográficas e a felação impenitente de estrelas de cinema, isso não é nada de mais para uma banda que já descreveu felação e sodomia com um cassetete — é que ela foi feita para ser bem sacana, tanto liricamente *quanto* musicalmente, algo não tão fácil de se fazer.

A introdução era uma provocação cálida, como uma loira natural que tinge as raízes num tom escuro para parecer rampeira. A bateria de Charlie estava tão fora do tempo em relação ao riff de Keith, que aquilo devia ser algum tipo de piada interna, pois certamente nenhuma banda de tal estatura, ou de qualquer estatura que fosse, permitiria algo assim em um disco, ainda que a música fosse sobre traçar John Wayne — a menos, é claro, que fosse parte da piada.

O restante da música são os Stones sendo Stones e, para variar, Bill deu as caras para tocar baixo, *mas só no segundo verso*, quando ele se junta à festa já em andamento. Isso é bem relevante, na verdade — a música fica mais firme e mais rápida à medida que avança —, está tudo lá, em sua forma mais desleixada, sacana e Stonesística, e, por mais espalhafatosa que seja, deve ser considerada uma vitória em uma temporada difícil. Ela nunca seria "Gimme Shelter", mas senso de humor nessas coisas também é válido, você sabe.

O LP seguinte foi outro quase acerto.

A faixa-título "It's Only Rock 'n Roll (But I Like It)" foi um clássico instantâneo, mas sejamos honestos, não chega nem aos pés de uma boa música da banda T. Rex, e nem tem a presença de Charlie para aquele *tchan* extra. Ela foi gravada na casa de Ron Wood, que também estava trabalhando em seu álbum solo e cercado por seus melhores amigos, os quais incluíam Kenney Jones, que ainda era membro do Faces, na bateria; Willie Weeks no baixo; David Bowie no vocal de apoio; e, claro, Mick Jagger, que veio com a letra e conseguiu que Ron o ajudasse a terminar a faixa — e em contrapartida concordou em ajudar Ron num lance chamado "I Can Feel the Fire". No final daquela noite, Mick disse: "Vou ficar com 'It's Only Rock 'n Roll', você fica com a outra." Os Stones tentaram regravá-la, mas no fim optaram por apenas limpá-la e reconstruir a faixa original feita na casa de Ronnie (tipo quando Jimmy Miller sentou-se à bateria algumas vezes, e Charlie não se queixou, pois sentia que aqueles caras estavam trabalhando duro para soar como ele, de qualquer forma, então por que se dar ao trabalho, não é mesmo?). Keith a apunhalou com riffs de Chuck Berry, Ian Stewart tocou piano, Mick mandou ver nos vocais, *et voilà*, grande sucesso. Naturalmente, o crédito da composição foi para Jagger e Richards, tamanha era a balbúrdia da coisa toda. E é assim que as estrelas se alinham para os Rolling Stones, mesmo quando estão em completa desordem.

Se "It's Only Rock 'n Roll" fosse uma peça única com dois membros do Faces soando mais como os Stones do que os Faces normalmente soavam (o que nos diz muita coisa), por sua vez "Dance Little Sister" e "If You Can't Rock Me", as músicas mais roqueiras do novo álbum, eram Charlie e Keith em seu estado mais puro — este arrasando na guitarra e Charlie em seu encalço.

"Todo o coração e a alma desta banda são Keith e Charlie", explicou Bobby Keys na revista *Life*. "Quero dizer, isso é evidente para qualquer indivíduo que esteja respirando ou que tenha um mínimo de noção sobre música. Eles são a sala de máquinas."

Mick cuspia as músicas com perfeita autoridade, mas até então, pelo menos, ele não tinha escrito nada muito mais profundo do que *Ei, vamos festejar*," ou "*Ei, veja como eu danço*", e embora o disco tenha alguns momentos agradáveis e em grande parte esquecidos — a subestimada "Luxury", que lembra um rocksteady, uma versão sonora de "Ain't Too Proud to Beg", do Temptations, e mais algumas baladas passáveis — os Stones já não soavam mais jovens. Eles tinham soado mais vis em *Goats Head Soup*. Mas não importa, tal como disse Jimmy Page sobre Keith: "Basta colocar 'Dance Little Sister' e você perdoa o cara por qualquer coisa."

A estrada tinha sido longa para eles — cerca de doze anos de trabalho duro, de ídolos teenybopper[57] a rebeldes da contracultura e pesos--pesados musicais sem concorrentes à altura, a monarquia tardia do rock com hábitos desagradáveis. Eles bailavam com cadáveres, drogas ruins, drogas boas, mulheres boas, mulheres más, bandidos de todos os tipos e desentendimentos cada vez mais ameaçadores com a justiça, e a musa estava ficando quebradiça a ponto de desmoronar.

Em 1973, eles fizeram uma grande turnê pela Europa, apresentando o álbum *Goats Head Soup* — boa parte da magia da turnê anterior ainda estava no ar —, mas Bobby Keys ficou pelo meio do caminho, bailando com seu próprio vício em heroína (embora tenha sido oficialmente de-

---

57 Adolescente que segue atentamente a moda em roupas e na música pop.

mitido após aquela façanha com Dom Pérignon na banheira), e doeu — Bobby era o companheiro de Keith e padrinho do casamento de Mick.

Mas você sabe, ele não era uma vassoura, apenas um cabo de vassoura, e por aí vai.

Goats Head Soup também seria o último disco dos Stones para Jimmy Miller, que se juntara a Keith na estrada rumo a Chapadópolis quando eles estavam na Villa *Nellcôte*, e basicamente se injetou drogas até não poder mais. Ele não durou o suficiente nem para ter seu nome no disco — os créditos de produção foram para o pseudônimo conjunto de Mick e Keith, "The Glimmer Twins".

"As coisas são meio nebulosas nessa época", confessa Keith em *According to the Rolling Stones*. "Eu só lembro de escolher os produtores e o modo como eles iam se chapar e desmaiar. Jimmy Miller ainda estava lá para 'It's Only Rock 'n Roll' porque eu me lembro dele no Island Studios em Londres, mas naquela época Jimmy estava raspando as suásticas na mesa, abençoado seja. Depois de um tempo ele presumiu que poderia se adaptar a meu estilo de vida, mas não percebeu que a minha dieta é muito rara."

Jimmy era exatamente o cara de que eles precisavam. Ele os entendia. Ele os havia treinado em quatro grandes temporadas, desde *Beggars Banquet* e *Let It Bleed* até *Exile on Main St.* e *Sticky Fingers*, muitas vezes considerado o melhor momento deles antes de a escuridão de *Goats Head Soup* começar a tomar conta. Ele ajudou a transformar Charlie de baterista muito bom a baterista verdadeiramente grandioso. Na verdade, todos ficaram melhores no que faziam, e fosse pela influência de Jimmy Miller ou apenas fruo de sua ascensão natural, era extraordinário. Mas era hora de seguir em frente.[58]

---

58 Depois dos Stones, Jimmy Miller foi trabalhar com Johnny Thunders, coproduzindo um excelente disco para o Motörhead, *Overkill*, e mais outro, *Bomber*, do qual pouco participou, mas no qual foi considerado um arauto pelo líder da banda, Lemmy Kilmister, devido a suas "maravilhosas" mentiras de viciado; depois ele foi cuidar da estreia da banda Plasmatics, e foi quase imediatamente demitido por estar chapado demais para se manter funcional; e, finalmente, a fascinante obra-prima do Primal Scream, *Screamadelica*, reconhecidamente um clássico, seu último disco antes de morrer, aos cinquenta e dois anos, de insuficiência hepática.

E então Mick Taylor pediu as contas, simples assim, anunciando sua saída para Jagger enquanto os dois saboreavam uma bebida em uma festa. Ele não estava satisfeito — queria escrever músicas, ou algo assim, e achou que talvez estaria melhor sem os Stones, já que agora ele também era um Rock Star com todos os *apetrechos*, incluindo o próprio hábito de usar heroína e de ostentar aquela postura de merda recém-criada.

De acordo com uma das versões das história, Mick deu de ombros e olhou para Ronnie Wood, que obviamente também estava na festa, daí perguntou se ele poderia tocar na próxima turnê. Ronnie também deu de ombros e respondeu: "claro", por que não?

Bem, esse é o resumo da história. Há vários livros e filmes mais detalhados, mas, em suma, é isto. Keith não pareceu muito chateado. Ele admirava o talento de Mick Taylor, mas questionava onde estaria o coração do outro e, de qualquer forma, não era lá muito divertido conviver com Mick Taylor.

A perda de Taylor na verdade serviu para relaxá-los. Ele nunca foi *verdadeiramente* um deles, apenas era o músico necessário para vencer mais alguns campeonatos — o talentoso atacante que iria marcar alguns belos gols e se tornar independente ao final de algumas temporadas, fosse o que fosse.

No momento, Ronnie só tinha sido contratado para fazer a turnê com os Stones — ele ainda estava no Faces, afinal de contas —, então em 1974 os Stones se mudaram para o Musicland Studios, em Munique (onde gravaram a maior parte das músicas de *It's Only Rock 'n Roll*), e, mais tarde, Roterdã, para conferir um punhado de potenciais novos guitarristas antes de fazer sua turnê Tour of the Americas, de 1975 (com Ronnie na guitarra), e finalmente terminar o novo disco em Nova York mais de um ano depois.

Black and Blue foi uma continuação menos bem-sucedida de *It's Only Rock 'n Roll*, assim como os resultados da busca para encontrar um substituto para Mick Taylor, que tolamente pensou que a grama do vizinho fosse mais verde do que a dos Rolling Stones. Mas apesar de sua fama de álbum de "ensaio" com ênfase no jamming, na verdade é o álbum mais subestimado do catálogo dos Stones (com a possível exceção de *Emotional Rescue*).

Ronnie Wood obviamente foi convidado a permanecer, embora seja difícil imaginar que houvesse alguma dúvida — tantos querem, tão poucos conseguem e coisa e tal. Entre os candidatos em potencial que passaram pelo estúdio para tocar com os Stones estavam Steve Marriott, Peter Frampton, Harvey Mandel e Wayne Perkins, estes dois últimos inclusive tocaram excepcionalmente bem e chegaram a fazer parte do disco, ainda que não tenham conseguido a vaga definitiva. Jeff Beck passou por lá para fazer alguns improvisos e lamentou que "em duas horas só consegui tocar três acordes — preciso de um pouco mais de energia do que isso", o tipo de coisa que você jamais ouviria de Keith. Ou de Robert Johnson, diga-se de passagem. Pessoalmente, eu estava torcendo por Johnny Thunders — ninguém pensou em convidá-lo, mas imagine só a festa que teria sido.

Ronnie participa de apenas algumas músicas de *Black and Blue*, mas o mais importante foi que ele entendeu inatamente a Antiga Arte de Tecer, e imediatamente se uniu em torno do núcleo reenergizado formado por Charlie e Keith — até mesmo Bill voltou à boa forma —, colaborando com alguns riffs ferozes ("Hey Negrita", "Crazy Mama") e um cover extremamente instável do clássico do reggae de Eric Donaldson, "Cherry Oh Baby". Enquanto isso, Mick e Keith voltaram a escrever músicas genuinamente bonitas e fodas ("Memory Motel", "Hand of Fate") e os Stones acabaram soando não tanto como uma banda tentando dar continuidade a sucessos passados, mas como um grupo veterano de facínoras apenas brincando de ser eles mesmos e, pela primeira vez desde *Exile*, eles soavam estar se divertindo no trabalho.

Uma coisa sobre Ronnie Wood: ele parecia destinado a ser um Rolling Stone. Tal como Ronald Reagan, Elvis Presley e alguns outros, Ron Wood tinha uma estrela só dele, e uma vez que começou, para o bem ou para o mal, não houve como parar sua ascensão.

A COISA MAIS NOTÁVEL — OU TALVEZ MENOS SURPREENDENTE — É QUE CHARLIE WATTS É O ÚNICO ROLLING STONE QUE SERIA CAPAZ DE FAZER UMA SÉRIE DE DISCOS SOLO PERFEITAMENTE BACANAS E LIVRES DE CRÍTICAS NEGATIVAS.

Era para ser. Dava para sentir. Na época, tudo pareceu bastante casual, mas obviamente foi projetado pelo Criador. No Quinto Dia, Mick Taylor, e no Sexto Dia, Ronnie Wood e toda aquela magia — você não acreditaria em nada disso se tivesse acontecido tudo de uma vez só, não seria uma história realmente boa. Nada de bom acontece da noite para o dia. A criação dos mundos leva tempo.

Brian Jones foi essencial para a formação da besta: eles precisavam de Brian para conjurar o hoodoo de Muddy, Wolf, Bo e Chuck, seus animais espirituais. Mick Taylor era um cirurgião, um especialista trazido para cortar mais perto do osso. Ele foi essencial para que eles arrasassem ali na despedida dos anos 60 e para realinhar a organização — a Antiga Arte de Tecer com Brian chegava ao fim. Taylor foi trazido em prol da Antiga Arte do Assassinato.

Foi uma tacada curta e certeira com Mick Taylor, apenas algumas faixas em *Let It Bleed*, e então sua extraordinária empunhadura em *Exile* e *Sticky Fingers*, de fato só esses dois discos antes de eles atingirem resultados menores com *Goats Head Soup* e *It's Only Rock 'n Roll*. Mas foi o suficiente. Ele trabalhou direitinho, usando sua guitarra como um bisturi número 10 antes de ser ofuscado pelos holofotes.

Eu sempre me pergunto, qual foi a voz na cabeça de Mick Taylor que o mandou sair da banda? *Foi um anjo ou um demônio?* Porque ele certamente se ferrou. Todos os planos que tinha de se tornar uma grande estrela sozinho murcharam ali mesmo, como a última rosa do verão.

Charlie se encaixou bem com o novo par nas guitarras, tornando-se a parte maior do tear cósmico. "O que era bom com Brian é o que é bom em Ronnie", observou Charlie, "exceto que eu acho que Ronnie é melhor nisso." Dava para ouvir as duas guitarras se misturando indistintamente no disco ao vivo, *Love You Live*, um compilado das primeiras turnês com Ronnie, as turnês das "Américas" e Europa em 1975 e 1976, além de um lado de covers de blues gravados em 1977.

Tudo o que você precisava saber sobre bateria no rock 'n' roll estava agora em dois acessíveis LPs.

THE HARDER THEY COME

Você tinha que tocar junto com eles. Sério, dê uma chance. Por que não? As músicas podem parecer bastante simples — mas isso é porque você não compartilha do carisma ou da imaginação de Charlie. Não há como prever seu brilho, seu floreio de cores mágicas. Nas mãos dele, canções simples tornam-se labirintos de almas, cada uma delas uma nova aventura no ritmo. É impossível dizer onde começa o rock e termina o roll, a história do suingue alimentando uma bagunça de gospel enfeitado e blues sujo. Como um verdadeiro virtuoso, ele soa descomplicado e fluido. Como um verdadeiro jazzista, ele provavelmente está inventando metade do que faz à medida que avança. Seus padrões no chimbal e caixa tornaram-se campos minados de engenhosidade.[59]

A seção de metais dos Stones desapareceu, o R&B da velha guarda estava sendo substituído por um novo tipo de funk: Billy Preston, cujo belo afro ocupava metade do palco, entrou na batalha assumindo os teclados e, por algum motivo, foi autorizado a trazer seu percussionista, Ollie Brown. Billy tinha uma tendência a exagerar, e em pelo menos uma ocasião, Keith teve de mostrar a ele seu canivete[60] e lembrá-lo de quem mandava na banda — mas agora o marasmo dos dois últimos discos de estúdio tinha sido substituído por pura exuberância.

Não foi de todo o mal que Ronnie e Keith estivessem usando a puríssima cocaína farmacêutica da Merck — uma música, uma linha, uma dose caprichada para um Rolling Stone adulto —, e se você já se perguntou a diferença entre a cocaína dos Rolling Stones e a poeira que todo mundo estava cheirando em 1975, seria mais ou menos como a diferença entre assistir a um pornô e ser sequestrado pelo Corpo de Engenheiros do Exército — isto é, se o Corpo de Engenheiros do Exército fosse formado por comissárias escandinavas ninfomaníacas. Mais uma vez, os

---

59 Recomento fortemente o documentário oficial dos Stones, *From the Vault: L.A. Forum – (Live in 1975)*. Na época Ronnie ainda era apenas um temporário, mas fica muito óbvio que ali era o seu lugar.

60 Keith estava quase sempre armado, hábito adquirido em uma das primeiras turnês norte-americanas dos Stones, mas ele era sensato: "A lâmina deve ser usada só para diversão, o revólver, para garantir que você seja entendido."

EIS A GENIALIDADE DE CHARLIE WATTS. NÃO HÁ UMA PAUTA PREESTABELECIDA. *ARS GRATIA ARTIS* — ELE FAZ O QUE FAZ PORQUE ADORA. É PURO DE ESPÍRITO EM TODOS OS SENTIDOS POSSÍVEIS.

Stones faziam tão jus à sua época que isto praticamente os definia. Era praticamente possível *ouvir* a cocaína!

De repente, tudo parecia maior do que todo o restante. As arenas onde tocavam não haviam se expandido, mas o show era *enorme*, e incluía um pênis inflável gigante que Mick, alegremente vestido de ninja e de olhos pintados com uma sombra azul estilosa, escalaria com vários graus de sucesso. O palco em si era projetado para se abrir meio que vaginalmente, como uma pétala de lótus gigante.

O design do palco foi ideia de Charlie[61] — você pode tirar o sujeito da escola de arte, mas não pode tirar a escola... etc e tal — e, de qualquer forma, era a maneira de que eles dispunham para competir com a nevasca de artistas de arena que tinham caído nas armadilhas do espetáculo e estavam começando a monopolizar os holofotes: KISS, Bowie, Elton John e seus próprios imitadores de merda que precisavam aprender que não havia como derrotar os Stones naquele jogo.

Eram tempos otimistas, uma retomada da postura da nítida supremacia do rock 'n' roll, mesmo com o avanço da dance music — "Hot Stuff" e "Fingerprint File" eram um indicativo de mudança do lado sul de Chicago às discotecas de Paris, Londres e Munique.

Ronnie e Keith rapidamente se tornaram seu próprio circo, seu próprio tumulto, seu próprio zoológico drogado. A vertigem era palpável. Mick também percebeu que Ronnie poderia ser um grande coadjuvante — ao contrário do cara anterior, ele não se importava de ser molestado pelo vocalista, ora, ele estava disposto a qualquer coisa! Mais importante ainda, com dois guitarristas compatíveis tocando como um só, a máquina dos Stones se tornava uma frente unificada, um estrondo incomparável de ritmo e espetáculo.

Assim como nas últimas turnês, com exceção de "Satisfaction", eles evitaram boa parte das composições anteriores a 1968 — as músicas pop

---

61 Você é quem sabe se esta informação é relevante ou não, mas é bom ver que todos dão ouvidos a Charlie. Muitos bateristas não recebem esse tipo de gentileza. Pelo restante da carreira, ele continuou a contribuir com o visual dos cenários, trabalhando junto a Mick e a uma série de designers, pessoal da iluminação e afins., mesmo quando os palcos foram ficando cada vez mais parecidos com enormes naves espaciais.

da era Brian eram como os produtos manufaturados de uma época em que os Beatles vagavam pela Terra —, mas naquele ano eles trouxeram de volta "Get Off of My Cloud" com uma arrogância renovada e uma despreocupação pós-adolescente, a batida da bateria repercutindo em alto e bom som em toda a arena. Era uma redescoberta de seus rastros. Eles eram malvadões.

E o jazzista Charlie foi a âncora em meio a todo esse caos. Sua caixa, misticamente, parecia ter ganhado força. Os amplificadores das guitarras estavam ficando cada vez maiores, os sistemas de som estavam assumindo o controle como armas nucleares em uma corrida armamentista florescente, máquinas de fumaça e shows de canhões laser agora eram equipamentos operacionais padrão, os kits de bateria tinham atingido o tamanho de showrooms de móveis, mas a minúscula bateria de jazz de Charlie permanecia como dantes, e ele atacava com uma maestria relaxada. O cara que almejava tocar no combo de Charlie Parker agora enfrentava os bateristas monstros do Led Zeppelin e do The Who — bem como seus kits de bateria gigantescos —, aniquilando dragões sem concessões.

Keith não estava mais tocando riffs de Chuck Berry, ele estava tocando riffs de Keith Richards, ou, mais provavelmente, os riffs é que tocavam Charlie — era impossível dizer onde terminava o homem e começava a música. E assim foi com todos eles, exceto Mick, é claro, que sempre foi muito autoconsciente para se perder por completo dentro da música.

O desenvolvimento do microfone sem fio certamente não ajudou. Foi o início da era do cantor de alcance ilimitado, que a qualquer momento poderia estar a um campo de futebol de distância da banda, e pode apostar que não ajudou nem um pouco na forma de cantar de Mick, ou na forma como ele atiçava as chamas da intimidade com a banda, correndo extravagantemente, mas de qualquer forma, era um bom espetáculo.[62] O público enlouquecia com aquela merda.

---

62 Com o devido crédito a Mick e Keith — que mais uma vez recorriam ao pseudônimo "The Glimmer Twins" —, ao gravar as muitas camadas de vocais no disco, eles fizeram um esforço danado para fazê-las soarem brutas, meio ruins — autênticas, sem a ginástica.

"Tumbling Dice" foi a que mais sofreu com os pulos de Mick. Às vezes ele só precisava se acalmar e passar a bola — não dá para cantar uma música sobre mulheres trapaceiras e jogadores desonestos se você estiver saltitando como uma líder de torcida na escola. "You Can't Always Get" se desenrolou em um desastrosamente longo solo de guitarra de Ronnie Wood, o tipo de prolongamento que estragava a fama do rock de arena, mas aí, justamente quando você estava prestes a fazer uma viagem ao banheiro, *aquela bateria!* Uma encoxada nos seus sentidos, uma combinação *shwoop* e marcação — cada pequena explosão de caixa e truque nos pratos era uma provocação pérfida. Este não é o mesmo Charlie Watts que tocava em "Satisfaction", e sim um mágico do jazz completo guiando A MAIOR BANDA DE ROCK 'N' ROLL DO MUNDO, tocando em volume máximo em um kit de bateria mais adequado para uma festa em um porão do que para um estádio de futebol, e isso deve ser classificado como algum tipo de milagre evolutivo, algo como girinos saindo do pântano, aprendendo a andar eretos e depois aprendendo a construir foguetes e bombas.

Mais importante — e nada era mais importante, *nada!* — quando Keith começou a mastigar o riff de abertura de "Jumpin' Jack Flash", a terra pareceu balançar em seu eixo, em perfeita sintonia com a seção rítmica dos Rolling Stones. A letra da música se tornou menos importante do que o lamento de sereia de Mick: não era mais sobre um furacão de fogo cruzado, na verdade, era o fogo cruzado real ali.

Perto do final de *Love You Live*, algumas bombinhas explodem, uma pirotecnia ilícita desencadeada por fãs entusiasmados que valorizavam menos seus dedos do que uma emoção barata. Parecia bom. Alto pra caralho. Foi emocionante. Não havia política em nada disso. Era o momento em que a revolução se tornava entretenimento.

8. RESPEITÁVEL

A GRANDE GENIALIDADE DA MÚSICA DISCO É QUE TUDO GIRA ao redor dos batimentos cardíacos, constantes e latejantes. É fácil se identificar com o ritmo — você já o está vivendo.

A maioria das músicas disco são apenas um pouco mais rápidas do que a média dos batimentos cardíacos de um ser humano adulto em repouso porém moderadamente excitado, o suficiente para uma emoção, mas sem ser ameaçador, tipo aquela música demoníaca, o tal do *rock*. Ouvir disco music de fato aumentava a pulsação e gerava uma onda barata, mas não o matava, e é por isso que a disco era tão popular em bar mitzvahs, bem como nas discotecas propriamente ditas: porque era o ritmo perfeito para dançar, usar drogas e trepar a noite toda, e a vovó podia chacoalhar ao som de "The Hustle" com poucas chances de cair morta.

O ritmo disco perfeito é como uma caminhada rápida — digamos, a maneira como as pessoas caminham pelas ruas do Brooklyn, em Nova York, comendo pizza, duas fatias de cada vez, como visto no filme *Os Embalos de Sábado à Noite*, que mais do que qualquer outra coisa foi o catalisador para o estouro da discoteca mainstream do final dos anos 1970.

Eu digo *mainstream* porque foi assim que muitas pessoas ficaram conhecendo a cultura disco — John Travolta, os Bee Gees e a trilha sonora do filme, que vendeu muito. Era onipresente em 1977, não havia como escapar.

O que muita gente esqueceu é que a disco music tinha tanto a ver com moda quanto com música, então não é à toa que logo houve um desacordo com aquele tipo de fã de rock cuja ideia de diversão era ver bandas como Molly Hatchet, The Outlaws ou Foreigner, ou o que restava do Black Sabbath em uma arena de hóquei — e cuja moda popular era uma camisa de show desgastada e jeans desbotados. Essas eram as pessoas que traziam as bombinhas para os shows. Eram animais! Não que aquele fosse um nicho repleto de especialistas em filosofia, mas com certeza pareciam modernos para o ethos transcendentalista, *Cuidado com todos os empreendimentos que exigem roupas novas*.

E assim floresceu o movimento "Disco Sucks" (Disco é um lixo), se alastrando como um caso grave de eczema.

Muito foi escrito sobre isso, com muito sarcasmo acusando de homofobia e racismo os fãs de rock branco incapazes de aceitar um desafio à sua monocultura. A defesa vinha dos mesmos caras brancos, que alegavam que aquilo era uma idiotice: eles diziam que na verdade odiavam disco porque não conseguiam encontrar um terno branco de três peças que servisse em seus corpos barrigudos de cerveja. Além disso, por que de repente eles precisariam desistir da própria essência identitária de malucos-divertidos-que-amavam-rock-de-guitarra para venerar um pateta de poliéster? A maioria dos fãs do meio-oeste que gostavam de Bob Seger e que odiavam disco não eram sofisticados o suficiente para saber que a disco music tinha raízes latinas, gays e afro-americanas. Os Estados Unidos são um país grande, e no reduto da classe média norte-americana você sempre encontra a versão dos shopping centers.

Ninguém que eu conhecia, por exemplo, desgostava do Village People por eles serem supostamente gays, a maior parte dessas pessoas (a) gostava deles porque as duas únicas músicas que já tinha ouvido deles eram engraçadas e cativantes, ou (b) era completamente indiferente ou no máximo desdenhosa, afinal era apenas um bando de caras brincando de se fantasiar e dançar com música gravada. Em última análise, os sujeitos eram apenas uma novidade inofensiva, não tão legal quanto os Banana Splits tinham sido, mas não se pode ter tudo na vida, pelo menos não tudo de uma vez só. O fato de eles serem ícones gays não era importante nos redutos da classe média, um lugar onde os atletas iam aos estádios de futebol para ver uma banda chamada Queen.

De qualquer forma, era nitidamente tudo em nome da boa diversão. Era apenas música pop, não um comprometimento a um estilo de vida — *é aí* que as coisas ficaram nebulosas. A Disco Dans fetichizou camisas e calças de poliéster (calças!), correntes de ouro, cortes de cabelo caros, ternos brancos e colônia de fragrância forte.

Lembro-me de minha mãe me levando para fazer um corte de cabelo quando eu tinha uns treze anos, no auge daquela loucura, e quando ela viu o penteado moderno e emplumado que o dito barbeiro esculpira na minha cabeleira outrora perfeita, ficou encantada com meu novo estilo tão legal (o que fazia dela, por extensão, uma mãe legal), e eu apenas chorei, humilhado por ter tido minha alma roubada, e então fique usando um boné de esqui pelos dois meses seguinte, embora fosse meados de julho. Eu amava os O'Jays, Donna Summer e KC and the Sunshine Band tanto quanto qualquer outro cara. O Jackson 5 nunca saiu de moda. Tocávamos esses discos nas festas, junto com as últimas de Elton John, Stevie Wonder e qualquer outro que fosse popular no rádio naquela semana — era assim que os caras conseguiam dançar com as garotas. E foi assim que muitas das minhas melhores e piores ideias tomaram forma.

Eu assistia a *Soul Train* religiosamente (pela música) e a *Solid Gold* às vezes (pelas dançarinas), mas não gostava dessa besteira de moda plástica-fantástica. E depois daquele corte de cabelo, minha mãe ficou proibida de comprar jeans novos para mim, pois eu temia que minha bunda fosse sofrer as consequências.

Pouquíssimas pessoas que conheço se jogaram nas transformações inspiradas na moda disco, e aquelas que o fizeram eram positivamente despóticas em suas identidades prontas, assim como qualquer fã de rock da classe trabalhadora que se agarrava à sua camiseta de banda favorita tal como um distintivo de coragem. E agora havia uma guerra: disco contra rock — qualquer que fosse a ressaca hippie ainda fervendo naquele final dos anos 1970 (ou seja, as bandas de rock progressivo e de boogie rock cheias de cabeludos), é fato que havia uma nova teosofia urbana de que a disco seria a bomba de nêutrons para colocar um fim em tudo. Era um posicionamento muito agressivo. E naturalmente *todos* odiavam os punks, que eram os verdadeiros malucos. Levaria um tempo antes de alguém perceber que na verdade era tudo a mesma merda.

Enquanto isso, o grande segredo: as discotecas eram espaços seguros para os ricos. É por isso que havia tantas celebridades envelhecidas lá — era uma decadência aprovada. A discoteca era o coração da mamãe para adultos inseguros. Uma oportunidade de sentir um pouco de emoção sem perder o controle completamente. Era muito repetitivo. Era reconfortante. As discotecas eram como úteros gigantes se os úteros tivessem globos prateados giratórios e cabines de DJ.

Às vezes as batidas eram um pouco mais rápidas se você estivesse usando coca, às vezes um pouco mais lentas se estivesse tomando metaqualona, mas lá estava: *uma batida sexual*, e por mais que as grandes remixagens fossem aperfeiçoadas em um glorioso underground gay, isso se traduziu para o subúrbio com uma facilidade chocante. Mesmo porcarias como "A Fifth of Beethoven" eram toleradas porque tinha um bom refrão. A batida era suficiente para animar cada nicho — seu primo gay poderia gostar, mas seus pais também (e eles se achariam super na moda batendo quadril com quadril). Era urbano com algo de vanguarda e estava à venda no shopping. As garotas da classe média adoravam — qualquer coisa para fazer seus namorados apaixonados por Led Zeppelin largarem as camisetas e jeans rasgados. Ao contrário do rock, pelo menos a discoteca cheirava bem.

Mas a verdadeira razão para a disco music ser um lixo foi "Disco Duck". Como todo um movimento cultural pode ser levado a sério quando uma música como "Disco Duck" se torna um sucesso legítimo? Não que o rock não fosse estúpido, mas demorou muito mais para chegar lá.

Depois de *Embalos de Sábado à Noite* — e todo mundo que eu conhecia adorava, independentemente de quantos álbuns do Jethro Tull tivessem empilhado ao lado do bong —, surgiram uma série de autoparódias e idiotices que simplesmente se autofagocitavam. Estranhamente, muito disso aconteceu sobre um par de patins.

O especial de TV *Playboy's Roller Disco and Pajama Party* (1979) — que era ainda mais idiota do que parece — foi a gota d'água. Quando Hugh Hefner, o figurão da Playboy, entrou na onda com esse ato de desespero juvenil para permanecer relevante, o sonho acabou.[63] Foi como uma versão disco do Altamont Free Festival.

E, no entanto, a tendência mais horrível daquela época não foram os álbuns disco cada vez mais idiotas que estavam sendo lançados sem qual-

---

63 A palavra "juvenil" neste caso em especial poderia muito bem ser uma junção de jovem + imbecil.

quer alma, produção de qualidade ou composição de verdade tal como na primeira grande onda do movimento — foi um longo caminho de "Love Train" a "Macho Man" —, e sim o fato de as bandas de rock já estabelecidas estarem sendo informadas por suas gravadoras de que precisavam entrar na modinha disco caso quisessem ganhar dinheiro, e assim aqueles dinossauros, temerosos da extinção, concordaram. Na verdade, percorremos um longo caminho desde Elvis e Little Richard e o campeonato de poder individual.

E então tivemos o roqueiro Rod Stewart cantando "Da Ya Think I'm Sexy?"; os Kinks, que começaram como arrivistas proto-punk da British Invasion antes de se tornarem enfadonhos art-rock influenciados pelos Beatles, agora estavam se aventurando no estilo disco com "(I Wish I Could Fly Like) Superman"; os covardes hard-rockers do KISS provaram de uma vez por todas que não tinham vergonha nenhuma, e menos escrúpulos ainda, com "I Was Made for Lovin' You"; e até mesmo caipiras cocainômanos e caubóis cósmicos como The Eagles e Grateful Dead tiraram seu naco do globo espelhado giratório com "One of These Nights" e "Shakedown Street", uma das poucas canções disco compostas originalmente para maconheiros. Paul McCartney, famoso pelos Beatles, tropicava sem rumo com "Goodnight Tonight".[64] Até mesmo antiguidades como Paul Anka e Frankie Avalon fizeram suas tentativas. Mas talvez o mais constrangedor tenha sido a entrada dos roqueiros progressivos do Pink Floyd nessa. Eles conseguiram colar uma batida disco em seu distópico show de luzes inventado para botar um sucesso no número 1 das paradas. Quando o assunto era rock 'n' roll, *ah cara*, a cultura fazia umas cagadas colossais.

Então como foi que os Rolling Stones, A MAIOR BANDA DE ROCK 'N' ROLL DO MUNDO, se embrenhou no lance disco com "Miss You", a primeira faixa do monstruosamente popular *Some Girls*, no verão de 1978?

---

64 Seria desonesto ocultar que todas essas músicas foram sucesso.

Bem, primeiro, eles eram realmente bons no negócio. Eles conseguiam fazer a disco music soar *untuosa* e *molhada*.

Mick e Charlie, pelo menos, eram fãs de longa data. Quando o assunto era club music, eles não eram novatos — na verdade já vinham vasculhando pistas de dança internacionais há anos, Mick curtindo e içando riffs para o próximo disco dos Stones, e Charlie apenas apreciando a música. O Sr. Jazz não era purista — ele pode ter tido um longo romance com Charlie Parker, mas isso não significava que não podia ouvir o que estava acontecendo ao redor, e ele se apaixonou pelo som da Filadélfia que explodia no início da década de 1970, especialmente o poderoso *shwoop* de seu primeiro grande baterista, Earl Young, que pareceu estar em todos os discos de hip dance durante um tempo, desde "(Win, Place or Show) She's a Winner", dos Intruders, passando por "Love Train" e "Back Stabbers", dos O'Jays, até "The Love I Lost", de Harold Melvin & the Blue Notes, isso sem mencionar as toneladas de coisas do pessoal do The Trammps, incluindo "Disco Inferno", além de sessões com os Spinners, Stylistics, MFSB e dezenas mais.[65]

---

65 Uma coisa curiosa sobre os gostos musicais de Charlie (e de longe o gosto mais amplo e eclético deste grupo): diferentemente de Keith, que pode ser bastante intransigente quando se trata de blues, R&B, rock 'n' roll, reggae e roots, Charlie gostava de tudo, era extremamente aberto não apenas ao jazz das antigas à la Louis Armstrong, às big bands e aos excêntricos do jazz por quem sempre babava, mas obviamente seu herói, Charlie Parker, cujos conceitos avançados de harmonia, melodia e velocidade genuinamente *assustavam* os veteranos (e ainda desanimam muitos autodenominados fãs de jazz carregados de bazófia que não conseguem superar as produções mais suaves de Miles Davis — sério, você tentou ouvir Charlie Parker ultimamente?), como também ao modernismo envergado de Ornette Coleman e as explorações de John Coltrane, e a pirotecnia livre e atonal do pianista Cecil Taylor, tudo o que Charlie diz ouvir com frequência — colocando-o em uma minoria distinta de esquisitões intelectuais —, isso sem falar no seu amor pela disco, pela dance music e por uma ou outra banda de rock moderna. Foi o apoio dele, junto ao de Mick, na verdade, que levou Prince a alguns shows com os Stones em 1981. Charlie e Mick eram loucos por ele — Keith não acompanhava, mas seus companheiros de banda se impuseram, e Prince conseguiu a vaga de abertura antes do decididamente mais intermediário e amigável à MTV, George Thorogood, e da J. Geils Band. Infelizmente para Prince — o público não compartilhou do entusiasmo de Charlie e Mick —, que usava sunguinha preta e botas de cano alto, houve uma salva de vaias e uma chuva de comida e cerveja enquanto ele estava no palco. Sem dúvida, os mesmos babacas que o vaiaram na época estão se gabando agora de tê-lo visto ao vivo um dia.

Por volta de 1978, os Rolling Stones (ao contrário dos Kinks, *et al.*) não precisavam ser informados por algum idiota de terno que teriam de inventar uma batida disco para se manterem relevantes — bastava retornar para um disco anterior deles, *Black and Blue*, e a primeira faixa, "Hot Stuff", que era o que Jagger até então chamava de "uma partida disco", ou mesmo retornar dois anos antes e conferir o estilo dançante de "Fingerprint File" em *It's Only Rock 'n Roll*. Qualquer um que estivesse prestando atenção já sabia que o conceito cada vez maior de R&B deles era amplo o suficiente para render uma quantidade imprudente de espaço para ambas as músicas em *Love You Live*, lacuna que poderia ter sido facilmente cedida a emissoras sólidas de rock 'n' roll como "All Down the Line" ou "Rip This Joint" — músicas com as quais os Stones fizeram sua reputação, sendo implacáveis com elas na turnê anterior —, mas essa foi uma batalha perdida por Keith na sala de mixagem. Não há como parar o progresso, creio eu.

Então quando os Stones gravaram "Miss You", por mais que fosse obviamente outra grande ideia de Mick ficar *au courant* (foi preciso convencer Keith, mas no final ele viu a sabedoria na loucura de Mick), não se pode dizer que eles estavam se vendendo ao sistema — eles já faziam uma excelente black music dançante há anos e tinham acabado de mudar a batida para se adequar à época. Eles tinham um histórico ruim nesse lance de perseguir tendências, mas quando acertavam, dominavam tudo.

Como se viu, eles eram uma banda de disco incrivelmente boa — ou, mais provavelmente, uma banda de rock 'n' roll incrivelmente sofisticada que poderia abrir mão e se soltar.[66] Será que Mick Jagger teria se tornado um grande dançarino se não tivesse uma banda tão boa atrás dele?

A bateria de Charlie era impecável — disciplinada e sem adornos. Ele usava o *shwoop*, como Al Jackson, com circunspecção cirúrgica, e seu uso excessivo se tornara a marca registrada dos bateristas de bandas de casamento que tentavam acompanhar a moda da disco. Nas mãos de Char-

---

66 Para quem não prestou atenção, além de "Miss You", dentre suas outras grandiosas músicas disco estão "Everything Is Turning to Gold", "Dance" (Pts. I e II) e "Emotional Rescue", todas excelentes.

lie, *suingava*. Mesmo tocando disco, havia aquela leve oscilação, mantendo a batida logo atrás de Keith. Ele incitava a música com *urgência*. E era astuto — não tocava com tanto minimalismo desde os dias de Brian Jones. Como sempre, é por isso que Charlie Watts é o cara: havia a *expectativa* no groove, e a *penetração* era deixada, tal como deveria ser, para o que quer que acontecesse depois que o estabelecimento baixasse as portas.

Soava como os Rolling Stones fazendo o que fazem — como se viu, a Antiga Arte da Tecelagem tinha seu lugar na disco music também. "Miss You" foi uma obra-prima menor — era apenas um ótimo refrão coberto por uma tonelada de merda da cidade de Nova York, incluindo um bom pedaço de gaita de blues, caso você estivesse se perguntando com quem estava lidando.

Roqueiros irritadiços podem ter ridicularizado a faixa, mas só por um segundo, porque *Some Girls* não foi dominado por *músicas disco*; foi aquela bagunça linda de *músicas dos Rolling Stones*, e "Miss You" era apenas uma delas. Ao mesmo tempo em que reivindicavam a pista de dança, eles também se provavam uma grande banda de punk-rock e uma banda country de primeira linha que se interessava por jazz e torch songs.

Na verdade, para uma gangue que vinha tocando Marvin Gaye e se juntando com Stevie Wonder, para não mencionar os ataques com "Street Fighting Man" e "Happy" durante anos, eles eram especialmente adequados para tocar disco *e* punk — já faziam isso há tempos, apenas chamavam de outra coisa.

Em 1977, quando chegaram ao estúdio Pathé-Marconi em Paris para começar a trabalhar em *Some Girls*, os Stones eram uma banda com uma missão — não mais se acomodar sobre os louros de MAIOR BANDA DE ROCK 'N' ROLL DO MUNDO, não mais aceitar troféus de participação, aquela merda tinha que ser vencida em campo. Keith Richards vinha enfrentando uma vida conturbada graças à sua prisão por posse de heroína em Toronto, e esta poderia ser a última vez.

RESPEITÁVEL

Esqueci de mencionar a prisão de Keith por posse de heroína? Droga.

Então... Eis o resumo da história: ao final das turnês de 1975-1976, que vieram a se tornar *Love You Live*, os Stones tiveram a ideia de tocar em um pequeno clube, o El Mocambo, em Toronto, e se concentrar em algumas das antigas músicas de blues com as quais tinham aprendido o ofício. Infelizmente, logo na chegada, um *gendarme* local flagrou a namorada de Keith, Anita Pallenberg, com uma colher suja e logo encontrou o esconderijo de Keith, com droga suficiente para bancar uma festa de casamento de viciados — embora, no meu conceito, uma sala cheia de pessoas desmaiadas (por mais lindas que sejam) simplesmente não se adeque à minha ideia de diversão. Mas cada um na sua. Não julgo.[67]

Enfim, de alguma forma, eles fizeram o show alguns dias depois e gravaram uma velha favorita de Chuck Berry, uma música de Muddy Waters, e uma notável — devido à espetacular bateria estilo calipso de Charlie — versão de "Crackin' Up" de Bo Diddley. Mas não se engane, porque a maior parte desse trabalho ganhou muitas camadas de áudio depois, algo que acontece muito mais do que você imagina, mesmo que você imagine que aconteça muito.

E é assim que chegamos a *Some Girls*.

É surpreendente como eles estavam empolgados em 1978 — algumas pessoas poderiam ter reagido de forma diferente ante as chances de amargar um longo período numa prisão canadense, mas eles também estavam sendo incentivados pela época, o que por si só era um grande motivador. A disco music pode ter sido a última moda, mas o punk já vinha abocanhando o traseiro coletivo deles, basicamente ameaçando devorá-los de dentro para fora. Que os Rolling Stones precisassem ser uma banda importante no fim dos anos 1970 era menos uma escolha do que um imperativo, um último suspiro de relevância.

---

67 Para o relato em primeira mão, novamente, leia o excelente livro de Keith, *Vida*. Poucas pessoas conseguem fazer a heroína soar tão charmosa. Aliás, foi preciso uma equipe da polícia montada canadense e seus respectivos cavalos para acordar Keith no hotel antes de prendê-lo. Aparentemente, este é um exemplo de etiqueta canadense — eles realmente são muito legais os tais canadenses — não podem prender ninguém que não esteja consciente.

E assim, "Miss You", a primeira música do álbum, foi uma explosão de disco music a todo vapor, porém foi seguida por "When the Whip Comes Down", a música mais exuberante gravada por eles em anos, que vibrava como uma cerca de arame, mas era decididamente punk sob qualquer padrão de rock idiota, e não era nem a faixa mais exuberante do álbum. Eles estavam apenas começando, e se algum fã idiota de Ted Nugent ainda estivesse com as penas eriçadas por considerar a *disco* um lance *queer*, bem, então eram uns otários, porque "When the Whip Comes Down" era um relato em primeira pessoa de Mick Jagger trabalhando como um michê gay — *"I was gay in New York, just a fag in L.A."* —, mas agitou, com insistência e autoridade, e estabeleceu o desafio para qualquer punk que ainda risse dos velhos, estabelecendo o ritmo do álbum mais duro e sujo que os Rolling Stones já tinham feito, o que não era pouca coisa.

Os Stones não entendiam o punk rock, não ao ponto de ficarem sentados ouvindo Sex Pistols, Ramones ou Damned. Havia uma lacuna de gerações, com certeza, e econômica também. Uma coisa era fazer amizade com outras celebridades endinheiradas cheiradoras de cocaína em danceterias de Munique ou no Studio 54 em Nova York, mas o punk era um movimento jovem, muito politicamente motivado pela classe trabalhadora na Grã-Bretanha, não tanto nos EUA, onde sempre funcionou tanto como declaração de arte quanto como revolta política. Mas sua discussão nunca se fixou no lance de *ter* dinheiro, e sim no lance de *não ter nenhum*, e isso não é o tipo de coisa que milionários entrincheirados entenderiam, independentemente da qualidade da música. Afinal de contas, a *raison d'être* dos Sex Pistols era expulsar do mercado a última onda de velhacos inchados que tinham perdido o contato com seu público. Qualquer que fosse o futuro limitado que os Pistols tivessem seria construído sobre o monte de cinzas da aristocracia, e isso incluía os Rolling Stones.

Uma coisa engraçada — enquanto os Stones planejavam sua resposta a esse terremoto da juventude, seus pretensos rivais, o The Clash, estavam gravando reggae e rock 'n' roll de alto padrão juntamente à dita música punk e se preparando para uma turnê pelos Estados Unidos com um convidado bem especial, Bo Diddley. Infelizmente, os fãs do Clash muitas vezes não conseguiam compreender a mistura de culturas do rock 'n' roll.[68] Eles ainda não tinham percebido que era tudo a mesma merda.

Quanto aos Stones, seus *contretemps* com os novatos pareciam distantes, na melhor das hipóteses — era óbvio que eles estavam *cientes* da treta, mas não estavam de fato *sintonizados*. Eles falavam sem muito entusiasmo que curtiam aquela energia, um reconhecimento de que o punk não era muito diferente do que já tinham feito — mas nunca sem uma severa rejeição de que aqueles punks não sabiam tocar, ou algum comentário idiota sobre toda aquela cusparada, o tipo de coisa que eles provavelmente viram na televisão e presumiram representar todo um movimento artístico, assim como os adultos calejados costumam fazer. O bom é que em vez de apenas gritar para os jovens pararem de pisar no seu gramado, os Stones sacaram suas espingardas e abriram fogo.

Os Stones entenderam. Os Beatles entenderam. Ray Charles e Chuck Berry entenderam. Mas algumas pessoas simplesmente não entendem a música country. Tomemos, por exemplo, o fanático musical Buddy Rich, o virtuoso da bateria mais célebre do mundo, o tipo de sabichão musical que realmente não sabe do que está falando, mas também *realmente não sabe do que está falando*.

Em 1973, conversando com o cantor de big band (e depois apresentador de talk show) Mike Douglas — que foi coanfitrião de seu show junto a figuras tão diversas como Barbra Streisand, Sly Stone, e John e

---

68 Deve-se mencionar que isso foi antes de o The Who convidar o The Clash para o palco — ainda era aquela época sombria em que o "punk" era o inimigo do "rock clássico", tanto quanto a disco music tinha sido, muito embora todos os idiotas da campanha "Disco Sucks" estivessem de algum modo buscando desculpas esfarrapadas para aceitar as bobajadas do Pink Floyd, The Kinks etc. Um momento mais irônico viria mais tarde, quando os Ramones, os Sex Pistols e o Clash repentinamente passariam a ser considerados "rock clássico", como se nada disso tivesse acontecido.

Yoko[69] —, "o maior baterista do mundo" compartilhou sua opinião sobre o "estilo musical mais relevante" dos Estados Unidos:

"Já é hora de este país crescer em seu gosto musical, em vez de dar um gigantesco passo para trás como a música country vem fazendo... É tão simples que qualquer um consegue cantar, qualquer um consegue criar, qualquer um consegue tocar em uma corda só."

Daí ele passou a fazer proselitismo do jazz, inserindo-se modestamente em um grupo que incluía Miles Davis, Charlie Parker e Art Tatum, antes de retomar o fio da meada: "Não acho que você tenha de criar muita coisa, cara, para ser um caipira... [público audivelmente desconfortável] ... qualquer um consegue cantar *wah wah wah*..."

E então nosso anfitrião, que já ouviu o suficiente, intervém. "A música faz as pessoas felizes de maneiras diferentes", tenta, diplomaticamente.

Mas Buddy Rich não queria saber de nada daquilo. A diplomacia nunca foi sua praia. "Se vou sentar e ouvir você cantar e vou ouvir Frank [Sinatra] ou Tony Bennett, há emoção suficiente para me levar por qualquer coisa que eu esteja passando naquele momento, mas se eu tiver de ouvir *Glen Campbell*..." Ele faz uma careta de uma pessoa que acabou de beber leite azedo e está prestes a vomitar, daí compara a música country com pornografia, o que provavelmente ajudou muito mais a vender discos de Conway Twitty do que as velhas cassetes da The Buddy Rich Big Band que ele oferecia em seus shows.

De qualquer forma, quando digo que ele *realmente* não sabia do que estava falando, quero dizer que seu amigo, o cantor de *jazz* Tony Bennett, foi número 1 das paradas com uma música de Hank Williams, "Cold, Cold Heart", e até a apresentou no Grand Ole Opry — uma grande honra em alguns círculos, pelo que sei.

Seu amigo Frank Sinatra gravou músicas de Eddy Arnold e John Denver, sem falar no grande dueto de Bobbie Gentry com a notável cantora caipira Ella Fitzgerald em "Ode to Billie Joe", e (suspiro!) uma versão bem des-

---

69 Os Rolling Stones foram convidados do programa de Mike Douglas em 1964, quando ainda eram basicamente uma atração local de Cleveland. Ele foi muito mais legal com os rapazes do que Dean Martin.

contraída de "Gentle on My Mind" de Glen Campbell (também regravada pelo antiquado Dean Martin, além de Andy Williams, Aretha Franklin e Bing Crosby, para citar apenas alguns) — todas ótimas músicas com pouco espaço para o baterista "apenas detonar", como dissera Buddy Rich. Ah, e não nos esqueçamos do gênio do soul, Ray Charles, que gravou *Modern Sounds in Country and Western Music*, lançado em dois volumes, ambos sucessos.

Enfim, voltando aos Rolling Stones, que sempre amaram a música country e que a tocavam em um nível inédito: a sujeira de "Let It Bleed" e "Torn and Frayed", o shuffle impossível de "Sweet Virginia", o toque ágil de "No Expectations", "Dear Doctor" ou "Factory Girl", os lamentos lindamente drogados de "Wild Horses" e "Sister Morphine". Suas canções country mais famosas, "Honky Tonk Women" e "Dead Flowers", eram pastiche barato em comparação às supracitadas.

Em *Some Girls*, os Stones encontraram uma nova abordagem poderosa para a música country: eles a destruíram e a chamaram de "punk".

Buddy Rich poderia ter morrido muito mais feliz se tivesse aberto seu coração, pois há *salvação* na música country.[70]

O que não quer dizer que não existam muitos registros de músicas country ruins — na verdade, é altamente provável que a maioria seja ruim. Mas o mesmo

---

70 Depois de uma carreira incrível como o baterista de big band mais famoso dos Estados Unidos, e de ter trabalhado com todos os grandes, como Tommy Dorsey, Louis Armstrong e Ella Fitzgerald, Buddy Rich terminou sua carreira se apresentando em faculdades comunitárias e escolas secundárias, quase sempre para grupos de estudantes universitários e atletas amadores vestindo camisas polo com estampas de Buddy Rich porcamente impressas. Seu obituário no L.A. Times revelou que em seu leito de morte, ao ser perguntado por uma enfermeira se era alérgico a alguma coisa, Buddy respondeu: "Sim, música country e western". Há também uma citação dele que diz o seguinte: "Se você não tem habilidade, vai terminar tocando em uma banda de rock". Ele também era famoso por entrar em brigas em estacionamentos e por perder a cabeça quando ficava sem maconha. Certa vez, no final dos anos 60, tomou um tapa tão forte de Dusty Springfield que fez voar sua peruca; Springfield estava cansado de ser insultado por Rich e se exaltou ao ser chamado de "puta do caralho". A propósito: as gravações informais de Buddy Rich berrando com sua banda depois dos shows são lendárias. E estão disponíveis em uma internet perto de você.

pode ser dito sobre a disco music, ou o heavy metal, o rock, seja o que for. Há toneladas de poesia ruim também, mas isso não significa que vou jogar Allen Ginsberg no lixo. E, não por acaso, se você de fato sentir vontade de quebrar tudo, escute Led Zeppelin sob nova perspectiva e você ouvirá um sotaque genuíno mais brabo na guitarra de Jimmy Page — James Burton, Joe Maphis, Scotty Moore, Cliff Gallup etc. — do que na maioria da música country moderna.

Então o que aprendemos? Quero dizer, além do fato de que Buddy Rich era um esnobe? Realmente, deve ter sido uma chatice ser dotado de tanto talento.

Os grandes bateristas country tocaram mais vidas do que Buddy Rich e milhares de outros ditos virtuosos da bateria. A música country perdura: Jimmy Van Eaton, o baterista da Sun Records que tocou com todo mundo, de Jerry Lee Lewis (que o chamava de "o baterista criativo do rock 'n' roll") a Roy Orbison. E o favorito de Bob Dylan, Billy Riley e seus Little Green Men, foi tão pioneiro do rock 'n' roll como os caras de Chicago e Nova Orleans. Naturalmente, ele começou como baterista de jazz, afinal de contas, foi assim que todos começaram.

W.S. Holland foi o cara que colocou aquele ritmo firme por trás de Johnny Cash em "Folsom Prison Blues", "Ring of Fire" e "I Walk the Line", isso sem falar na sua participação em "Blue Suede Shoes" de Carl Perkins, "Honey Don't" e "Matchbox" de Carl Perkins (os Beatles fizeram cover de todas). E mesmo que o nome dele não lhe seja familiar, você pode apostar que mais pessoas têm lembranças positivas da música dele — *aquele ritmo legal de trem!* — do que de qualquer coisa já tocada por Buddy Rich.[71]

---

[71] Os bateristas de country costumavam ser muito bravios; certamente não eram sujeitos que você toparia desafiar em rede nacional: antes de se tornar baterista de Willie Nelson por mais de cinquenta anos, Paul English foi bandido, cafetão e "figurinha carimbada entre a polícia". Ele nunca saía de casa sem sua arma. E ele de fato se meteu em um tiroteio real junto a Willie, repelindo parentes raivosos com uma espingarda; reza a lenda que ele já usou a motivação de sua pistola incontáveis vezes para ser pago por promotores picaretas; e assim manteve todos *na linha* muito antes de se consolidarem como uma grande família feliz. Diziam que se você mexesse com Willie Nelson, "da próxima vez vai encarar o lado errado de uma arma empunhada pelo diabo em pessoa". Esse era Paul English. Outra figura célebre foi Tarp Tarrant, o baterista frenético de Jerry Lee Lewis por mais de uma dúzia de anos — você pode ouvir o trabalho dele no LP de 1964 apropriadamente intitulado *The Greatest Live Show on Earth* (O maior show ao vivo da Terra) — que perdeu o emprego quando foi preso por assalto à mão armada. Não tenho dúvidas de que qualquer um deles ficaria muito feliz em meter uma bala em Buddy Rich caso tivesse ouvido seus latidos anticountry.

E então havia Charlie Watts. E esta é apenas mais uma razão pela qual Charlie Watts é o cara: porque quando se trata de country, disco, blues, punk, o que quer que seja, esse cara é capaz de fazer até um *couraçado de guerra* suingar.

Em *Some Girls,* Charlie tocou como nunca. Havia mais imaginação e precisão em sua forma de tocar do que jamais fora vista. Cada música era uma nova visão da arte do rock 'n' roll.

"Charlie é tão magnífico que a expectativa é que ele toque cada vez melhor", disse Keith à revista *Melody Maker* pouco depois de terem concluído *Some Girls,* "e se ele não melhora em determinada sessão, você meio que resmunga para ele, 'Por que você não está melhor do que na versão anterior, porque você sempre melhora!'"

Além disso, Charlie Watts nunca foi chamado de idiota.

Some Girls foi a redenção dos Stones. Era o fim da escuridão sônica que pesava sobre *Goats Head Soup* e *It's Only Rock 'n Roll* — é impressão minha ou esses discos soavam como se a agulha do toca-discos precisasse ser substituída? As ditas canções punk em *Some Girls* vibravam com uma clareza e golpe de uma Telecaster, e boa parte dos efeitos se devia às técnicas de gravação do engenheiro Chris Kimsey e um novo conjunto de amplificadores MESA/Boogie. Até o baixo cutucava com uma nitidez inédita em um disco dos Stones.

Essa característica ficou audível nas turnês posteriores, quando eles desaceleraram um pouco: essas músicas eram puro country fora da lei. "When the Whip Comes Down" e "Respectable" foram a prova de que Keith e Charlie — e agora Ronnie —, atacando os riffs de Chuck Berry com o mesmo impulso febril crucial de um bando combatendo o apocalipse zumbi, eram a força mais convincente do rock 'n' roll, especialmente com o toque extra de Mick revisitando temas populares como a venda do seu corpo e o uso de drogas com o presidente. Eles marcaram essas músicas com a angústia do bend nas cordas e uma sutileza rural, um híbrido do intento de presas frescas com o rock 'n' roll dos velhos tempos. Fosse um pouco menos intencionalmente perversa e "Respectable" (principalmente) teria sido a música perfeita para Merle [Haggard] ou Willie [Nelson] ou Kris [Kristofferson] ou Waylon [Jennings]. Tal como se apresentou, *Some Girls* foi uma redefinição de modos e uma nova reivindicação de autoridade no show business — um aviso fresquinho de forma que qualquer outra pessoa no mesmo esquema poderia querer repensar seriamente o que diabos estava fazendo.

Tudo estava despojado e soava como se tivesse sido gravado ao vivo no estúdio, sem truques, por uma banda que se tornara a queridinha da discoteca e os garotos-propaganda do rock dentro do establishment, mas que ainda era capaz de se defender em uma briga de bar.

A ideia de sondar o punk obviamente veio de dentro dos Stones. Ao passo que Mick teve as ideias com a disco music depois uma noite em que saiu para dançar, as músicas punk tendiam a ser mais semelhantes ao que eles *achavam* que o punk deveria *ser* — rápidas e cheias de indignação e atitude —, porém sem a enxurrada de acordes com pestana dos Sex Pistols ou dos Ramones. Não era assim que os Stones tocavam.[72]

Não era o punk de cartilha, eram os Rolling Stones, e sua música estava muito mais próxima do limite do caos — o andamento disparado, a bateria de jazz lutando para escapar da selva do fundamentalismo do rock 'n' roll — do que a dos Sex Pistols, a dos Ramones ou a do The Clash, todos com seções rítmicas excelentes, porém muito previsíveis. Os Ramones, em especial, tinham de seguir em frente, como um ataque militar bem coordenado, sem espaço para improvisação. Era uma questão de precisão, exatamente o oposto dos Stones: Johnny Ramone prometia uma banda que era "puro rock 'n' roll branco, sem influência de blues". Incendiária, com certeza, principalmente se considerarmos que era uma banda que venerava Phil Spector e grupos femininos dos anos 60, mas ele foi honesto quando disse que não haveria síncope: todo mundo tocava no

---

72 Na verdade, como Johnny Rotten disse corretamente sobre os Sex Pistols, "Nós *controlávamos* a energia — as músicas não são ferozmente rápidas, elas são bem lentas, mas saem *escaldantes*."

ritmo — uma pitada de boogie e seria o fim deles —, mas de algum modo conseguiam suingar como loucos.

Os Stones não tinham tais restrições. "Shattered" foi a melhor música rock 'n' roll da cidade de Nova York, pelo menos até o ponto em que eles conseguiram capturar alegremente a vibração do lugar, defendendo uma autodestrutiva meca de sexo e sucesso e cantando em iídiche, tudo isso enquanto parodiavam um refúgio dos ratos cheios de miíase, dos gananciosos e das vítimas da moda. Mas o que diabos era aquilo? Tinha uma espécie de batida disco, mas não era *amigável como a disco*. Soava *punk*, mas tinha camadas de pedal steel. E aquele maldito pedal phase-shifter MXR, que estava *por toda parte* nesse disco — e você achando que eles iriam se cansar depois de "Beast of Burden".

Falando em "Beast of Burden", era uma música country ou um R&B? Não faço a menor ideia. Idem com "Just My Imagination" (a terceira vez que tocam um cover de Temptations), com um toque de rosnado, um tapa forte na cabeça do que antes era uma balada suave — soava desamparada, pantanosa e rural, mas também sagaz, insistente e ligeiramente mais raivosa do que melancólica, assim como a original do Temptations. Era uma incrível música soul. E, assim como todas as outras músicas de *Some Girls*, estava permeada pela Antiga Arte da Tecelagem — cuja definição agora certamente deve incluir a bateria — e por um desrespeito lascivo pelo conceito de finalizar qualquer música no mesmo ritmo em que começou.

Sério, quem sabia o que era o quê? A faixa-título soava como uma música suja sobre bebida, garotas chinesas, negras e brancas, e praticamente todos os outros tipos de garotas, e o que eles achavam que elas queriam ou precisavam, e não houve protesto, nenhuma reclamação — por mais razoável que tal indignação pudesse ter sido — capaz de impedi-los de continuar, e certamente não com aquela parte da bateria, um dos milagres mais soltos-apertados já conjurados por Charlie. Era só uma música sacana feita às pressas, e ainda assim Charlie estava cumprindo todas as promessas já feitas por trás do kit desde *Ya-Ya's* em diante, cada *shwoop*, cada rulo desequilibrado na caixa e cada rachadura em seu prato China novo em folha.

E eis aqui algo importante: o prato China.

Era uma quinquilharia estranha, especialmente para alguém que costumava ser tão conservador com seu equipamento. Charlie nunca gostou de truques. Durante a maior parte de sua carreira, ele se ateve a apenas dois pratos, um de condução e um menor, de ataque, considerado mínimo mesmo entre os minimalistas. A explosão exótica do prato China, que às vezes é chamado de *trashcan cymbal* ("prato de lata de lixo" em tradução livre), parecia contraintuitiva para a premissa básica do som dos Stones.

Anos atrás, você veria exóticos pratos China nos kits remendados dos primeiros jazzistas, como uma de suas muitas engenhocas: tam-tans exóticos e temple blocks, bell trees, buzinas de bicicleta etc. Se você já ouviu alguém se referindo a um kit de bateria como "trap set", agora você sabe: é apenas uma abreviação de "contraptions" (engenhocas). Anos depois, o prato China foi defendido por um punhado de bateristas de suingue por se destacar atrás de grandes seções de metais. Mel Lewis, o raro baterista de big band conhecido mais por sua humildade e musicalidade do que por exibicionismos, era um grande fã do prato China, que ele usava para impulsionar a seção de metais sem destruí-la. Jake Hanna, outro baterista da era do suingue que deu vigor a versões posteriores da big band de Woody Herman, era conhecido por ter presenteado Charlie com um trap set.

Mas no final dos anos 1970 e 1980, era geralmente a província dos roqueiros progressivos e metaleiros (de variáveis graus de talento) que usava Chinas enormes montados de cabeça para baixo para criar um som *ka-kang* perversamente abrasivo, para atenuar solos de bateria de outro modo indistinguíveis, pontuar nevascas vertiginosas de bumbos duplos e obter um pop barato de fãs virginais de Dungeons & Dragons que iam às lágrimas devido a esses truques de salão. Era a versão-bateria de um canhão de confetes.

O melhor caminho seria deixar que Charlie redescobrisse o jazz nesse lance. Ele já havia feito alguns testes desde o início — há fotos dele encaixando o prato China no set, no começo da carreira —, mas jamais teria funcionado quando os Stones ainda estavam mergulhados no fundo do poço do tradicionalismo do R&B. Todavia, de alguma forma, o prato

China, em toda a sua glória ruidosa, conseguiu achar seu rumo até *Some Girls*, acrescentando um novo sabor à nova era dos Stones.

O prato China conferiu a todo o processo um pouco de cor inesperada, crua e manchada. Não havia como negar que era empolgante, mas, assim como tudo o mais, exigia discrição. Contrariando a convenção, Charlie encaixou o prato com o lado certo para cima, de um jeito que geralmente não se fazia desde antes do New Deal. "Essa posição exige que eles tomem pancadas violentas todas as noites, e eles começam a trincar nas bordas. Não foram feitos para serem tocados do jeito que eu toco", comentou ao descrever sua configuração para um vídeo promocional.

No contexto dos Stones, era um pouco de poesia disruptiva — não era suave ou bonita em nenhum sentido convencional. Não tinha nenhum histórico no blues de Chicago, R&B ou soul, e ainda assim se encaixava perfeitamente nos Rolling Stones do final dos anos 1970. Era um som curto e contundente, e quando você começava a achar que Charlie estava dominando o mercado da peculiaridade percussiva, entrava o prato China. Ele desabrochava de um efeito matizado em *Some Girls* até chegar ao tapa na cara nos shows ao vivo, um foda-se cavalheiresco do fanático por jazz por trás do kit, e por fim florescia completamente em seu filo muito particular no (quase impecável) disco seguinte, *Emotional Rescue*: o estrondo irregular do prato China era tão pertencente ao refrão do hit "She's So Cold" quanto o riff de guitarra, e dava à música um toque irônico perfeito. Cada turnê, cada disco que se seguia, seria salpicado com esse som. Era o comprimento final do barbante na Antiga Arte da Tecelagem. Nenhum outro baterista de rock 'n' roll poderia ter feito isso na era moderna sem soar como um efeito barato, mas nas mãos do Sr. Watts, acrescentava determinação ao country-transformado-em-punk, iluminava o R&B e o soul, estalava perfeitamente nas músicas pop.

A graça dessa história, é claro, é que isso chegou muito depois do início da carreira deles — e é por isso que Charlie Watts é o cara: ele fez os Rolling Stones soarem únicos, *mais uma vez*. Ele *ainda estava evoluindo*.

Em um mundo de picaretas em arenas de hard rock e bandas de bar que achavam que copiar o som dos Stones era primordialmente um pretexto para serem desleixados com Chuck Berry e Jack Daniel's, o prato China era como a última pétala que precisava florescer, o último lampejo do flower power que deu errado e que transformara uma primavera outrora agradável em um verão revolucionário. Era a derradeira centelha de agressão necessária para completar essa etapa da jornada épica dos Rolling Stones. Mais uma vez, Charlie Watts levou o blues para o futuro.

Quando terminaram de gravar, Keith estava rumo à sobriedade, só usando uma coisinha no banheiro *vez ou outra* durante as sessões.[73] A possibilidade de amargar sete anos na cadeia muitas vezes tem efeito salutar. Estranhamente, porém, Charlie tinha começado a brincar com a heroína, e foi preciso que Keith interviesse e lhe dissesse um tremendo NÃO — e felizmente Charlie lhe deu ouvidos, ao menos por um tempo. O negócio ia ficar um pouco complicado uns tempos depois, e nós vamos chegar lá... O fato é que, de algum modo, eles conseguiram manter tudo em ordem ali naquele momento.

A turnê de 1978 para divulgação do disco foi tudo o que deveria ter sido: um aviso. O registro ao vivo dos shows, *Some Girls — Live in Texas '78*,

---

73 As sessões de *Some Girls* foram tão produtivas que renderam mais um álbum inteiro de músicas country de primeira linha, sendo que a maioria delas foi refinada posteriormente e lançada como um disco bônus, uma remasterização de luxo de *Some Girls*, que valia cada centavo. Foram doze faixas matadoras (e nenhuma nem remotamente idiota quanto o hit "Far Away Eyes"). Provavelmente, "Do You Think I Really Care" é a melhor música country de todos os tempos sobre a cidade de Nova York — quem mais poderia escrever sobre o D Train e a via expressa de Long Island? —, isso sem mencionar o cover de Hank Williams, e Keith fazendo uma versão especialmente emocionante da famosa "We Had It All" de Waylon Jennings. "Claudine", um estupendo rockabilly sobre o assassinato do esquiador Spider Savage por sua namorada socialite ("*Now I threaten my wife with a gun / But I always leave the safety on*"), e o shuffle pesado de "Too Young" ("*I tried to take it easy, put my dick back on a leash... she's so young*") foram despudoradas de um jeito que Mick nunca tinha feito, o que por si só diz muita coisa (entenda como quiser). O fato de Keith Richards quase ter sido preso nesse período foi irrelevante; talvez Mick tenha escolhido não abordar o assunto para não correr o risco de ser enquadrado também, e assim poder continuar a cuidar das coisas da banda. É difícil entender por que eles simplesmente não expuseram o caso — poderia muito bem ter sido mais um gol de placa. Talvez não quisessem expor seu maior segredo: que os Rolling Stones eram A MAIOR BANDA COUNTRY DO MUNDO.

é para a era Ronnie Wood o que *Ladies and Gentlemen: The Rolling Stones* foi para Mick Taylor. É claro que as coisas mudam, seis anos é uma eternidade nesse ramo — tecnologia, moda, política, consumo de drogas, e até a forma como as pessoas escutam música... estava tudo invertido na cabeça deles. Mas a banda emergiu unificada em torno de um objetivo sério.

Foi a melhor performance dos Stones desde as turnês galvanizantes do início dos anos 1970, e eles declararam suas intenções com a convicção de um homem pregando à porta da igreja. Eles podiam até não soar tão pesados quanto o Led Zeppelin, mas os andamentos eram sempre *mais rápido, mais rápido, mais rápido, mais rápido...*

Como sempre, Mick passou da linha mais de uma vez, mas aí não seria Mick se ele não fizesse isso. Será que ele precisava mesmo alterar a letra de "Sweet Little Sixteen" de *"tight dresses and lipstick"* ("vestidos apertados e batom") para *"tight dresses and Tampax"* ("vestidos apertados e absorvente interno")? Já não bastava falar de prostituição, de uso de drogas e sexo com viciadas? Bem, ao menos quando ele cantava *"I don't know where to draw the line"* ("não sei a hora de parar"), em "Starfucker", ele estava sendo sincero, o que é muito válido.

Também tem um caso envolvendo uma camiseta, uma peça de Vivienne Westwood com uma suástica abaixo da palavra "DESTROY" ("destrua a/o"). Mais triste do que supor que vestir uma camisa com uma suástica seria bacana era o de fato de Johnny Rotten, dos Sex Pistols, já ter deixado aquela estampa famosa tempos antes. Turbinar os riffs de Chuck Berry é uma coisa, comprar roupa punk do varejo era *shanda*.[74]

Mas todos estavam loucos pelo novo disco dos Stones. Todo mundo podia alegar ter um dedinho na obra — os Stones pareciam ter superado momentaneamente suas personalidades de rock star e agora estavam se reconectando ao seu antigo público, e ao mesmo tempo atraindo novos fãs. Mais uma vez eram a banda do povo. Toda vez que investiam em suas guitarras e que Charlie soprava magia, veneno e alegria em cada música

---

74 Palavra em iídiche para "escandaloso, vergonhoso".

— agitando estádios com uma bateria projetada para funcionar em boates do Harlem —, era impossível negar que eles estavam no topo.

O *estilo* Charlie Watts foi sendo gestado lentamente ao longo dos anos, e agora o *som* Charlie Watts estava completamente formado. De algum modo, o acréscimo do prato China o fez soar ainda mais sutil — não havia peso na execução, nem declínio, nem sobreposição de notas, nada que causasse aquela impressão de telefone tocando. Era puro ataque. Era como levar um tapa de Bruce Lee.

No palco, "Shattered" foi tocada em um movimento rápido quase impossível, e ainda não havia como dizer se era disco ou punk, mas estava definitivamente inclinada para o último. Quando Mick grita, "*To live in this town you must be tough tough tough tough tough*", um sentimento ecoado com autoridade pela caixa, você percebe que não deve se meter com aqueles caras.

"Jumpin' Jack Flash", o número de encerramento recorrente, não era apenas desafiador, havia se tornado um *testemunho* — um riff triturador implacável que ignora o andamento, só para explodir as cabeças no estádio lotado de jovens. Vigor e entusiasmo no talo. Todas as noites, eles subiam ao palco sem a presunção de que sua reputação os precedia, e ao descer dele comprovavam a legitimidade do que lhes era de direito — eles eram a melhor banda de rock 'n' roll do mundo.

"Love in Vain", um cover aproveitável de Robert Johnson em *Let It Bleed*, agora havia se tornado uma peça impressionante da legislação da percussão, um blues antigo se renegociando de dentro para fora. Ninguém mais no mundo poderia tê-lo abordado com tamanha audácia e ainda assim mantê-lo autêntico. Era o velho encontra o novo — Mingus encontra Led Zeppelin, embora nenhum dos Stones ousasse concordar com isso. Nenhum deles considerava o Led Zeppelin sutil o suficiente para ser levado totalmente a sério.

Até "Miss You" detonava. No disco, era uma diversão suja e lubrificada. Ao vivo, um exemplo do que aqueles sujeitos experientes ali em cima conseguiam fazer com um bom riff.

RESPEITÁVEL

Em Memphis, eles arrasaram em uma versão de "Hound Dog" (meramente por diversão), e Charlie conseguiu tocar à la D.J. Fontana mesmo depois de todos aqueles anos. É claro que ele fez do seu jeito particular, comprimindo aquela tercina de golpe e roçadela de baqueta em... bem, digamos apenas que ele conseguiu migrar muito cuidadosamente da *expectativa* para a *penetração*. A prudência é sempre a melhor parte da coragem, e muitas vezes a melhor parte da coragem é saber quando colocá-la em prática.

9. HANG FIRE

TALVEZ FOSSE RESULTADO DO LONGO SUSPIRO DE ALÍVIO depois do triunfalismo da última turnê, mas agora o tédio era palpável. No exato segundo em que a página do calendário virou para 1980, tudo começou a dar errado.

Bem, Keith havia se safado do regime fechado por posse de heroína, mas os tempos estavam mudando mais uma vez.[75] No primeiro ano da nova década, John Lennon estava morto, Ronald Reagan e Maggie Thatcher estavam rindo feito crianças ante as novas guerras maravilhosas,

---

75 A pena de Keith por posse de heroína foi a realização de um concerto beneficente para o Instituto Nacional Canadense para Cegos. Os juízes do Canadá são bacanas: perceberam que ninguém se beneficiaria com a prisão de Keith e que seria melhor para todos se ele permanecesse sóbrio e fizesse um show de caridade. A atração foi anunciada como The New Barbarians — a banda de festas de Ron Wood, com Keith e um punhado de sósias, que caiu na estrada após a turnês de *Some Girls* dos Stones. O show foi para lá de ótimo, mas quando os Stones apareceram para tocar, foi o equivalente espiritual à decolagem de um avião. Eles arrasaram com o melhor de seu repertório de 78, mas o destaque foi a versão completamente hipnotizante e quase desastrosa de "Starfucker". Toquei os primeiros minutos repetidamente — um bootleg do show, *Blind Date*, foi lançado logo depois. (É fácil de encontrar, recomendo procurar.) Toquei para meus amigos, que me achavam louco por defender aquela bagunça. Era muito além de desleixado, era *ofensivo*. Eles estavam completamente perdidos — Keith toca o riff de abertura, e a função de Mick era começar a cantar bem em cima, um batimento cardíaco antes de Charlie entrar em ação, mas ele erra a deixa; talvez não estivesse conseguindo ouvir a banda, quem sabe, mas largou metade dos caras fazendo os acordes onde a música *deveria estar*, e a outra metade sem saber o que fazer. E a confusão continua por um período prolongado, com Keith atacando com riffs de Chuck Berry, que até soam bem legais, mas pouco ajudam — é tudo uma zona aterrorizante. Charlie fica improvisando, dá uns toques de jazz, e então fica inventando um pouco mais, e só vai ficando cada vez mais fodido à medida que avança. Em algum momento, é como se eles tivessem perdido completamente a noção do "um" na contagem. Então, sabe-se lá como, Keith capta a vibe e, tal e qual um atirador de facas no circo esperando que a roda com a mocinha amarrada gire só mais uma vez para que ele possa cravar a adaga entre as pernas dela, e não em sua cabeça, ele ataca, bem rente, tirando apenas um pedacinho de carne do osso, do jeitinho que gosta de fazer. Charlie então faz seu lance e segue logo atrás de Keith na batida, Mick se acerta, todos se encaixam e, mais uma vez, são A MAIOR BANDA DE ROCK 'N' ROLL DO MUNDO. Um som desprezível, desleixado, sujo e diferente de tudo o que eu já tinha ouvido de uma banda profissional de rock 'n' roll. Um som espetacular, mas não o que muitas pessoas considerariam bom. Certamente nenhum bar no mundo os teria contratado se tocassem daquele jeito. Pessoalmente, eu teria engarrafado essa merda — foi mágico.

e enquanto isso a Moral Majority,[76] a explosão da Aids e a MTV — um coletivo de investidores estridente que visava cooptar a revolução do rock 'n' roll — disputavam o horário nobre para ser o destaque da nova década.

Os Sex Pistols morreram pelos pecados de alguém, mas, ao contrário de outros salvadores, eles permaneceram mortos. O que deixou os Rolling Stones com muito pouco a provar ao mundo. Essa é a maldição da vitória, creio eu.

Embora ainda muito joviais, os Stones já eram idosos para os padrões do rock contemporâneo. Mas, que diabos, o jornalista Lester Bangs os declarou ultrapassados e obsoletos quando eles lançaram *It's Only Rock 'n Roll* quase uma década antes — a própria ideia de ser levado a sério como um músico de rock quando se é um jovem adulto se apresentando como um delírio. Ninguém poderia ter previsto que os baby boomers tocando rock seriam vistos como algo além de uma piada triste, "*Hope I die before I get old*" ("espero morrer quando envelhecer") e afins.

Mick, que adorava zanzar por clubes em busca de tendências, deve ter ficado especialmente frustrado. O sexo, o ritmo e a decadência da cena disco gay deram lugar à versão corporativa e à nova onda de dance music, pintada com pigmentos punk-rock falsos e repleta de sintetizadores cada vez mais repugnantes.

Do jeito que estavam, os Stones poderiam ter se tornado rapidamente os vestígios de um gênero ainda não conhecido como o *classic rock*, sendo promovidos a executivos que perderam sua utilidade, e colocados com grande alívio contra o vazio deixado pelo Led Zeppelin — extinto devido à morte de seu insubstituível baterista devido a complicações de uma vida vivida além de qualquer expectativa razoável — e pelo The Who, prosseguindo imperiosamente embora seu também insubstituível baterista tivesse morrido pelo mesmíssimo motivo.

Esse foi o começo dos tempos turbulentos, e as brigas internas entre Mick e Keith que guiariam os Stones durante a maior parte da

---

[76] A Moral Majority era uma organização composta por comitês de vertente política cristã conservadora que fazia campanhas para "manter sua concepção cristã de lei moral". [N. do E.]

década seguinte estavam apenas começando, e em boa parte eram uma remanescência da carreira de Keith como o viciado em heroína mais popular do mundo.

Vivendo no futuro, como vivemos hoje, surfando na onda da correção do século XXI, o abuso público de drogas perdeu qualquer charme que possa ter tido um dia. Eu culpo o Guns N' Roses e o Mötley Crüe por isso — duas bandas que foderam até a pontuação básica das palavras —, mas isso é história para outra hora.

Se havia alguém capaz de fazer a heroína parecer sexy, esse alguém era Keith Richards, que era para a heroína o que Rita Hayworth era para a [empresa de cosméticos] Max Factor. A verdade disso, no entanto, é a verdade de todos os viciados, porque a droga está pouco ligando para a banda em que você toca, não está dando a mínima para a quantidade de dinheiro que você tem, ela te come vivo. A sublime autobiografia de Keith não tem rodeios — é uma história tão angustiante sobre o vício em heroína, vivendo de dose em dose e se esquivando (principalmente) da lei, tanto quanto é a história de uma banda de rock 'n' roll. É a obra mais importante quando o assunto é a autobiografia dos viciados, os tipos de pesadelos sombrios e românticos rabiscados por Art Pepper ou Anita O'Day.

E se você imagina que os dias de heroína mais pesados dos Stones foram durante a gravação do *Exile*, ou se acha que há algo de maravilhoso em ser um escravo da droga, bem, talvez isto ocorra unicamente porque naquele porão imundo em especial, Keith estava cercado por muitos camaradas com ideias semelhantes ou facilmente corruptíveis e porque, ao longo daquela que foi a década mais criativa da carreira deles, parecem ter nascido tantas músicas boas oriundas diretamente da paleta de cores desse estilo de vida. Mick nunca foi tão viciado em bebida e drogas quanto os guitarristas (na verdade, era um bebedor notoriamente ruim). Ele era muito melhor retratando a cena do que participando dela, e usava coca, metanfetamina e heroína como Van Gogh usava azul-celeste, magenta e ciano para criar "Sister Morphine", "Rip This Joint", "Dead Flowers", "Can't You Hear Me Knockin'", "Brown Sugar", "Let It Bleed",

"Respectable" e assim por diante, e tudo isso *depois* dos golpes inocentes de "Mother's Little Helper" e dos (felizmente breves) anos de LSD.

Mas na outra extremidade do álbum *Emotional Rescue*, o sucessor de *Some Girls*, Keith estava recém-sóbrio e, livre da comichão que vem com a desintoxicação, estava ávido para pegar a estrada. Ronnie, por outro lado, estava em pleno modo festa, tendo um caso de amor com o crack. E em meio a tudo isso, Mick não queria muita conversa com eles, o Faísca e o Fumaça da guerra química pessoal, duas pessoas cujo maior temor poderia ser resumido por qualquer garrafa que trouxesse no rótulo os dizeres "somente para uso externo".

Grande parte do trabalho de Mick era aturar esses corvídeos malucos. Mas no final dos anos 70, tendo feito seu trabalho com mais entusiasmo e glamour genuínos do que qualquer um que o precedera, ele percebeu que era hora de uma pausa. E então, presumivelmente, viu os números — *uau!* Aquela seria a maior turnê de todos os tempos, estabelecendo um recorde não pelo maior número de transas com groupies, mas por ter fisgado um patrocinador corporativo muito abonado e por ter vendido mais ingressos. Esse tipo de coisa cada vez mais vinha sendo a onda que fazia Mick ter orgasmos, e com uma garantia de que alguém ficaria de olho no cachimbo de crack de Ronnie,[77] eles botaram o pé na estrada com uma nova turnê, mantendo seu pacto verbal de fazer uma turnê pelos Estados Unidos a cada três anos.

Só que, para aquele circo funcionar, eles precisavam de um novo disco. As maquinações da indústria da música na época sempre exigiam um novo álbum para lançar uma turnê. Era simplesmente o jeito como as coisas eram feitas, o jeito como as coisas sempre foram feitas desde o início dos tempos, desde que os dinossauros caminhavam sobre a Terra — e levaria anos para alguém perceber que os Stones não precisavam de um novo disco para fazer uma turnê, e que muitas vezes era até melhor quando não havia um.

---

77 Ouvi dizer que Keith precisou apontar uma arma para a cabeça de Ronnie para recolocá-lo nos eixos.

Com pouco tempo, e ainda menos vontade de se reagrupar e começar o processo de composição de um novo disco dos Stones, eles enviaram seu engenheiro de longa data, Chris Kimsey — outro herói desconhecido desta história, que trabalhava com eles desde *Sticky Fingers* e tinha ajudado a transformar *Some Girls* em uma obra-prima despojada — para fazer uma busca difícil pelas bugigangas, ou seja, as sobras dos últimos quatro ou cinco discos, afinal de contas, conforme já aprendemos, quando os Stones estavam ligados, suas cagadas ainda eram melhores do que o ouro alheio.

Mas mesmo para os Stones, *Tattoo You* deve ter soado como uma dádiva, foi como encontrar um maço de notas entre as almofadas do sofá. "Acho-o excelente", disse Mick posteriormente. "Mas ele carece de todas as coisas das quais costumo gostar. Não tem nenhuma unidade de propósito, lugar ou tempo."

Foram encontradas várias sobras nas gravações de *Goats Head Soup*, *Black and Blue*, *Some Girls* e *Emotional Rescue*. Um belo tesouro, só precisava de um bom polimento.

A coisa mais inteligente que eles fizeram foi dar à caixa de Charlie o som dos deuses, o som de raios sendo lançados do Olimpo, e isto foi feito não com tecnologia de computadores, e sim com a destruição da qualidade do som: eles botaram o canal da caixa para tocar num alto-falante remoto no banheiro, daí regravaram o som que ecoava no ambiente. Não era bem a câmara de eco do Gold Star Studios, mas o resultado foi um ataque que não era ouvido desde que Martha Reeves lançara "Nowhere to Run".

Os rimshots de Charlie não soaram exatamente como tiros de metralhadora, mas sim *uma rajada* de balas quicando nas paredes de mármore durante um assalto a banco — soaram perigosos e imprevisíveis. De qualquer forma, ele nunca se preocupou com a velocidade do tiro — seu charme estava no perigo do ricochete. Atrás dele, as guitarras estavam estalando, mais vibrantes e fortes do que nunca, assim como o baixo — Bill Wyman estava no auge. Kimsey e seu parceiro, o produtor e mestre da mixagem Bob Clearmountain, estavam fazendo maravilhas, encontrando os Stones mesmo quando os Stones tinham problemas para se encontrar.

Mick trabalhou em grande parte sozinho no estúdio Pathé-Marconi, em Paris, e deve ter adorado passar um tempinho sem a pentelhação de seus companheiros de banda, porque sua performance no álbum é impecável e quase despretensiosa, nem irritada nem exagerada em qualquer sentido. Tendo vencido os punks, as zombarias e farpas de *Some Girls*, eles puderam dar lugar a uma glorificação confiante. Seu falsete era vibrante, suas novas letras e linhas melódicas tinham frescor, e nada soava como se tivesse ficado juntando mofo nos cofres.

Lançado no verão de 1981, *Tattoo You* foi a joia inesperada dos Rolling Stones, seu último disco verdadeiramente grandioso. Como era um amálgama de faixas reformadas de discos anteriores, reunidos em um LP para apoiar uma turnê, foi um verdadeiro milagre, com Charlie no centro de tudo.

Fazendo um retrospecto, era nítida a Ascensão de Charlie Watts se desenrolando, como uma tempestade que se aproxima. Desde o chimbal de abertura de "Doo Doo Doo Doo Doo (Heartbreaker)" em *Goats Head Soup*, o rufo de três toques que ordena a decolagem de "If You Can't Rock Me" — a primeira coisa que você ouve no álbum *It's Only Rock 'n Roll* —, passando pela virilidade cada vez mais descomprometida do ritmo em *Black and Blue*, e então o surpreendente estalido e a complexidade da bateria em *Some Girls*. A cada disco sucessivo, o reconhecimento de que tanto Charlie quanto Mick ou Keith faziam algo ser *Stones*; e que era Charlie que dava a eles o *tchan* que ninguém mais tinha — isto não era mais discutível, era dogma.

Ficou tudo muito evidente em *Tattoo You*: a cada faixa, Charlie se abaixava, ziguezagueava e encontrava espaço para se movimentar de um jeito que teria feito bateristas menos talentosos se flagrarem entre as cordas do ringue. Tal como acontece com todos os grandes super-heróis, ele possuía qualidades humanas e sobre-humanas — havia uma fragilidade na irregularidade das viradas e quebradas, mesmo quando ele soava como se estivesse metralhando uma multidão.

Sem recorrer a malabarismos, *Tattoo You* é algo como o *Kama Sutra* da bateria de rock — cada virada de bateria se insere a partir de algum ângulo novo e maravilhoso. E eis mais um motivo pelo qual Charlie Watts é o cara — porque ele sabe que apenas subir no topo e fazer sucesso não é digno. Este papel é reservado aos tolos.

———————

"Start Me Up", que iniciou como uma jam de reggae malsucedida, evoluiu para um rock tamanho único perfeito. Atingiu o andamento ideal para o rádio, otimista, porém não ameaçadora, e embora tenha furtado os acordes de "Brown Sugar", não ostentava nenhum perigo — aquela parte que diz *"a dead man come"* era leve o suficiente para não incomodar. Acima de tudo, soava como os velhos Rolling Stones, porém com polimento e brilho, como um carro novo saindo da concessionária.[78]

A verdadeira beleza de *Tattoo You* é que Charlie conduz todas as músicas — com suas quebradas de gato e rato, sua dobra de tempo, sua

---

78 Não é surpresa alguma que os Stones tenham transformado paina em ouro, fazendo uma porcaria deformada virar dinheiro: a introdução de "Start Me Up" é tão conhecida por ter sido um quase-desatre quanto foi como um hit de sucesso, uma merda total na decolagem e mesmo assim brilhantemente resolvida no espaço de algumas batidas. Há teses e teses explicando como o riff de abertura de Keith e a entrada equivocada de Charlie se encaixam em uma glória estranha. Francamente, sempre achei que fosse tudo uma brincadeira, uma piada interna entre Keith e Charlie, mas daí, novamente, eles nunca mais conseguiram recriar o mesmo efeito, ou sequer parecem ter tentado fazê-lo — notavelmente, parece sair de forma diferente a cada turnê, com a introdução mais longa ou mais curta antes de a bateria entrar em cena. O incrível é que eles a mantiveram tão solta — mesmo quando cronometrada à pirotecnia, que inclusive deve causar uma verdadeira dor de cabeça na hora de tocá-la. Como disse Keith à revista *Guitar Player*, "Rock and roll é, de certa forma, uma música altamente estruturada tocada de uma forma muito desestruturada, e era a essas coisas, como a mudança de ritmo, que nos prendíamos quando estávamos começando: 'Ouviu só o que acabamos de fazer? Nós viramos totalmente a batida [risos]!' Se feito com convicção, sem forçar, simplesmente fluindo, então dá um impulso extra à música. (...) É algo que dá para ser feito quando a banda tem confiança suficiente para não entrar em colapso quando acontece." Veja o caso de "Starfucker", acima, e também a longa introdução de "Little Queenie", no álbum *Get Yer Ya-Ya's Out!*, que começa imediatamente, com a batida desordenada, e requer uma espontaneidade ultrassuave de Charlie para se enquadrar — você percebe que ele faz a correção com uma batida extra assim que entram os vocais. É especialmente incrível porque o disco foi compilado a partir de três shows… e ainda assim esta é a versão que eles escolheram incluir? Quase nos faz pensar que foi intencional…

intenção e execução, chimbais abrindo e fechando sem aviso, desconcertante e sem precedentes. E para além do blues altissonante, ele dá o pontapé inicial em cada um dos roqueiros *pessoalmente*.

Depois de "Start Me Up", ele acende "Hang Fire" (que de alguma forma sobreviveu tanto às sessões de *Some Girls* quanto de *Emotional Rescue* antes de aparecer aqui) com uma explosão irregular de semicolcheias aceleradas, jogando uma tonelada de sujeira no ar com uma enxurrada de modulações descontroladamente inconsistentes. Fenomenal, mas também algo que causaria a demissão da maioria dos bateristas. Ao longo da música, a caixa estala nos lugares mais inesperados — é impossível prever, muito menos penetrar.

Em "Slave", Charlie dá o primeiro passo e domina o ritmo ao longo de toda a música. Gravada originalmente para *Black and Blue*, com o funk de Billy Preston e Ollie Brown ainda muito presentes na faixa, agora surgia renovada e aprimorada com o saxofonista Sonny Rollins fazendo overdub no solo, algo que deve ter deixado o velho jazzista Watts em órbita. "Little T&A" é o rockabilly sujo de Keith, e Charlie cria a deixa para ele com duas tacadas curtas que lembram "Rip This Joint". "Neighbours" (assim como "Little T&A", uma refugiada de *Emotional Rescue*) veio como um moedor a todo vapor, com Charlie e Mick suigando ao máximo — a introdução é uma gloriosa batalha de vocais e bateria, a versão punk de "Loving Cup". Sonny Rollins estava de volta, exceto que o momento do jazz havia acabado — a caixa estava amplificada praticamente ao ponto da sobremodulação.

O lado B do disco ("lado B" é mais um microanacronismo do século XX, um subconjunto do LP) era o sedutor, um conjunto de baladas que remontava a *Goats Head Soup*, e Charlie não foi menos espetacular ali — isto é, a menos que você goste de sua bateria girando como uma tempestade em um bule de rock progressivo, algo que ainda estava muito na moda. Apesar dos melhores esforços da disco music e do punk, o minimalismo nunca foi um movimento de massa — Kansas, Rush, Styx e Yes ainda enchiam estádios — e seus bateristas superequipados estampavam as páginas das revistas de bateria populares. Charlie não participou de nada disso, ainda operando seu kit Gretsch, que parecia minúsculo comparado às instalações de múltiplos tambores que ainda estavam na moda.

E toda música, não importava o quão descontraída fosse, tinha muita força. Cada toque da bateria era harmonioso à música — Charlie conseguia expor Mick como ninguém. Havia nesse material um dinamismo musical que superava até mesmo as baladas e lamentos clássicos dos Stones. *Tattoo You* foi o disco que ninguém viu chegando. Mais uma vez, Charlie passou pelo punk, rockabilly, blues, jazz e country, cortando com precisão, extirpando os corações antes que uma gota de sangue pudesse cair no chão.

Infelizmente, se a Turnê das Américas de 1975 dos Rolling Stones tinha expandido as possibilidades artísticas de atuação nas arenas de hóquei, criando um show que astutamente conseguiu manter o sexo e a sujeira no topo da mistura — com o palco de lótus vaginal florescente (muito legal) e o pênis inflável gigante (muito estúpido, porém divertido) —, a turnê de 1981 pelos Estados Unidos desnaturou tudo com cores neutras, chuva de balões e um pequeno elevador hidráulico para Mick. Só para o caso de você ainda não ter entendido que era o show *dele*, o cara alugou um elevador hidráulico para poder flutuar a trinta metros acima da multidão, como Eva Perón em um sonho febril.

Esse é o lugar onde toda a decadência drogada do show business das últimas turnês foi para morrer. Eles não tinham mais nada a provar, e isso ficou evidente. Tinham um ótimo disco por trás da turnê, mas, como Mick disse, não havia "unidade de propósito, lugar ou tempo", e deu para sentir isso quando eles pegaram a estrada.

Foi a primeira turnê em que Keith realmente não se aprofundou na guitarra como se estivesse fatiando corpos. Em geral, ele parecia satisfeito o suficiente por ser Keith Richards — era um milagre que ainda estivesse vivo —, mas ele estava *dançando vogue*, não *dilacerando*. Estava assaltando, mas não no bom sentido, ou seja, cometendo um crime urbano.

A nova política de Mick de correr de um lado a outro no palco foi levada ao extremo, e por mais que o público enlouquecesse com toda aquela aeróbica, não era o melhor recurso para alguém que precisava cantar — ele parecia estar sem fôlego, ou talvez fosse apenas seu novo senso de urgência pela década de 1980. Reagan e Thatcher sabiam como deixar todo mundo doido.

Ronnie passava tanto tempo bebendo e fumando cigarros incessantemente quanto tocando guitarra com algum senso de propósito genuíno. Isso beirava o irresponsável — um limite bem difícil de se ultrapassar se você é o guitarrista dos Rolling Stones.

Foi um deleite Bobby Keys ter sido autorizado a sair de sua cela para tocar o solo em "Brown Sugar", e foi ótimo ver o Stone original Ian Stewart ao piano, e o ex-Faces Ian McLagan no órgão (toda a organização foi péssima com ex-Faces), mas, verdade seja dita, era apenas Charlie Watts unificando a coisa toda com senso de urgência de verdade, sem se deixar intimidar pela ausência do espírito alegremente assassino que se esperava desses casos.

Antigamente, os Stones eram como leões saindo da jaula, prontos para quebrar tudo. Desta vez, com tantas crianças na plateia, isso sem falar nos bastidores — as armadilhas de se tornar uma atração de entretenimento global e transgeracional —, eles se contentaram com algo um pouco mais saltitante, o equivalente musical a um daqueles castelos infláveis que os pais alugam para as festas de aniversário dos filhos. Era uma versão assexuada dos Rolling Stones, um passeio familiar no qual o público estaria tão propenso a consumir casquinhas de sorteve com granulados quanto cigarros de maconha mexicana porcamente bolados e haxixe barato em cachimbos de metal.

O registro ao vivo resultante, apropriadamente intitulado *Still Life*, não passou de uma lembrança barata (a revista *Rolling Stone* chamou de "o equivalente auditivo a uma camiseta dos Stones, a sobra da mercadoria da turnê"), uma rapidinha que revelava o que eles pensavam de toda a história. Primeiro foi um evento caça-níqueis, depois um artefato cultural e, o que é pior, tudo isso era nítido. *Still Life* não foi o único disco medíocre dos Rolling Stones que comprei inicialmente com entusiasmo e depois passei a escutar só pela bateria, mas foi o primeiro.[79]

Charlie era verdadeiramente aquela árvore plantada junto às águas, aquela cujas folhas eram verdejantes, que jamais temia a chegada do calor, que não se preocupava com a seca, e mesmo assim nunca deixava de dar frutos. E este é só mais um motivo pelo qual Charlie Watts é o cara, porque sempre é possível contar com ele para fazer sua parte, mesmo quando todo mundo enlouqueceu.

---

79 Os poucos destaques do show foram o cover descartável de "Twenty-Flight Rock", uma apresentação perfeitamente agradável da música de Eddie Cochran, com uma bateria estalando maravilhosamente — uma lição de síncope da velha guarda e um primitivismo moderno que passou rápido demais — e uma tentativa honesta de esquentar o clima em "Let Me Go", uma excelente música country de segunda linha oriunda do álbum *Emotional Rescue*. Por um lado, ela manteve vivo o ethos country-punk de *Some Girls*, mas infelizmente, poucos na plateia tinham ideia do que a banda estava fazendo e, no final, aparentemente nem os próprios Stones. Ninguém sabia melhor do que eles que enquanto algumas músicas ficavam mais duras quando você pisava no acelerador, muitas acabavam perdendo o charme se o limite de velocidade era ultrapassado. O fato de eles terem acreditado em "Let Me Go" o suficiente para inseri-la no show foi uma demonstração de bom gosto; já o fato de eles terem sentido necessidade de tocá-la no dobro de seu andamento desmereceu qualquer confiança remanescente da arrogância natural deles. E quanto menos falarmos do cover de Smokey Robinson, "Going to a Go Go", melhor.

AGORA É O MOMENTO DE CONTAR AQUELA HISTÓRIA QUE TODO MUNDO adora ouvir sobre Charlie Watts, aquela do dia em que ele saiu de seu quarto de hotel no meio da noite, recém-barbeado, vestido com esmero em seu melhor terno Savile Row, e meteu um soco no queixo de Mick Jagger.

É uma ótima história, e verídica. O gancho de direita de Charlie Watts é imbatível. É como ser atropelado por um trem de carga. Imagine que ele está tocando "Rip This Joint" na lateral do seu crânio e você vai entender.

Esse também é o começo dos maus bocados. Keith está num período sóbrio, e enquanto Mick tem se empenhado numa saga de herói para segurar as pontas tendo o maior viciado do mundo como seu companheiro de trabalho, quando eles estão no palco, ele fica convencido de que é o dono dos Stones, e a última coisa que deseja é ceder o controle a um guitarrista livre do vício, agora capaz de compartilhar a tomada de decisões.

Passaram-se apenas alguns meses após a turnê de 1981, mas a essa altura, Mick e Keith sequer estão se falando, irredutíveis na disscussão que acabará por definir o rumo conturbado do trabalho deles ao longo de anos: Mick quer fazer um disco pop moderno com muita dance music, e Keith quer manter as raízes e cravar as guitarras na terra. Blues, reggae, rock 'n' roll, o que for, mas sem truques. Ele não dava a mínima para o que os jovens estavam escutando — ele estava focado naquilo que os Rolling Stones faziam de melhor.

Mesmo com tantos conflitos, eles se juntaram novamente no Pathé-Marconi, em Paris. Só que geralmente Mick fazia seu turno de meio-dia às cinco, enquanto Keith aparecia por volta da meia-noite e trabalhava até o amanhecer, e sempre que um estava presente e o outro se ausentava (o que acontecia quase sempre), eles apagavam as partes um do outro.

Sabe-se lá como, eles conseguiram enfiar *Undercover* em 1983, o início de uma produção criativa cada vez mais decadente, e o primeiro disco abaixo da média com Ronnie Wood (porque depois ainda vieram outros igualmente fracos). Assim como em todos os discos seguintes, dá para encontrar alguns bons momentos dignos do imprimátur dos Stones (e muita bateria excelente): a faixa-título não era tão ruim, por exemplo — tinha muitas guitarras legais —, mas era tão obviamente bajuladora da MTV que quaisquer que fossem suas boas intenções ali, acabaram todas enterradas sob um laboratório de sintetizadores e sequenciadores. Keith aceitou as ideias de Mick, mas não deixou de cuspir que "parecia um som requentado de algo que ele [Mick] ouviu em alguma boate".

A situação só fez piorar quando Mick Jagger deu início a uma carreira solo.

Os Rolling Stones tinham um contrato de gravação novinho em folha, e de algum modo Mick Jagger conseguiu sair das negociações com um grande acordo para *si mesmo*, combinando de gravar uma pilha de discos solo por muita grana. Daí seguiu-se a Terceira Guerra Mundial.

Keith enxergou a jogada como algo muito além da traição. Um embuste, uma desonestidade, um desrespeito, uma facada nas costas. Ninguém era maior do que a banda. Eles tinham construído essa *cosa nostra* juntos, e agora Keith se sentia traído, e Charlie, cujo senso de lealdade à banda era tão profundo quanto o oceano, sentiu-se ainda pior. Isto nas palavras de Keith, que por si só estava tomado por uma fúria homicida.

Todo mundo já estava de saco cheio de Mick. E o tal acordo ainda pegou carona no novo contrato de gravação dos Stones, na calada da noite, quando ninguém estava olhando, e não é assim que as coisas devem ser feitas. Quem já assistiu ao filme Os *Bons Companheiros* vai entender bem: "Era preciso sentar e conversar, e garantir um ok antes de qualquer coisa, ou você era apagado".

Mas Mick simplesmente foi desonesto em sua tentativa de se tornar o próximo Michael Jackson ou David Bowie, tudo porque algum executivo de gravadora ficou lhe dando ideias, dizendo o quanto ele poderia ser grande.

Mick venerava especialmente David Bowie, que seguia as próprias regras e não estivera preso à mesma banda por cinquenta anos, circulava facilmente entre mundos como um esquisitão profissional, era ícone da moda internacional (estava mais para ícone da moda *interestelar*), realeza entre as estrelas do rock e era capaz de lançar grandes sucessos dançantes e ainda ser respeitado como um legítimo *artista*. De onde você acha que Mick tirou a ideia daquela coisa de flexão de gênero no início dos anos 1970? Aquele lance Jagger/Bowie era uma paixão hardcore. Claro que, ao contrário de Bowie, Mick não era *vanguardista* — ele não tinha o destemor cultural de Bowie e era obcecado demais pela moda para fazer experimentações — isso sem falar no fato de que *sua marca era os Rolling Stones*. Seja como for, Mick via isso não como a maior bênção já concedida a um ex-estudante de economia, e sim como "uma pedra de moinho pendurada em seu pescoço", conforme descrito zombeteiramente por ele a um tabloide britânico.[80]

Keith ficou furioso quando ouviu esse comentário: "Disco boy, a Bandinha Punheta de Jagger, por que ele não se junta ao Aerosmith?" Keith nunca foi de dar socos.

O que nos traz de volta ao soco que Charlie deu em Mick. Todo mundo conhece essa história. Que estranho, não? Décadas tocando bateria para os Rolling Stones, e *esta* é a história que todo mundo gosta de contar? Será que é porque ela fala a verdade sobre poder? Todo mundo gosta de ouvir que não se deve foder com o baterista educado. De qualquer forma, ela é bem engraçada — tem todo aquele *tchan* de Charlie! —, mas todo mundo parece se esquecer do, hum, *golpe* surtido por ela. Então aqui está.

É 1984, os Stones estão às turras, mas estão fazendo um esforço para consertar as coisas, daí eles se encontram em Amsterdã para uma reu-

---

80 Bowie, apesar de ser "solo", era extremamente leal a certos membros da banda — não menos a seu baterista, Dennis Davis, um monstro capaz de tocar a bagunça de R&B e rock experimental de Bowie sem falhas e com grande estilo e que obviamente se dava bem com seu chefe. Bowie manteve Davis por uma surpreendente série de discos e turnês, desde sua incursão de Bowie no Philly Sound, Young Americans em meados dos anos 70, passando pelos anos de Berlim — Low, "Heroes" e Lodger — até Scary Monsters. Bowie era um gênio no que dizia respeito a juntar grandes bandas — ele sabia o valor de criar um grupo de trabalho viável e manter todos unidos. Jagger contou com pelo menos vinte e cinco músicos em seu primeiro disco solo, incluindo seis bateristas (sem contar os percussionistas), e sete pessoas diferentes no sintetizador.

nião. Mick e Keith estão num climão, mas decidem sair para tomas umas — "umas", no caso, é até o limite de Mick. De qualquer forma, Keith empresta um casaco para Mick, o mesmo que Keith usou no próprio casamento, e então eles voltam para o hotel por volta das cinco da manhã, devidamente mamados. Nesse ponto, contrariando o sábio conselho de Keith, Mick tem a brilhante ideia de ligar para o quarto de Charlie e perguntar: "Onde está meu baterista?"

De acordo com Keith, "vinte minutos depois, houve uma batida à porta. Lá estava Charlie Watts, terno Savile Row, perfeitamente arrumado, de gravata, barbeado, a porra toda. Senti o cheiro da colônia de longe! Abri a porta e ele nem me olhou, passou direto por mim, pegou Mick e disse: 'Nunca mais me chame de seu baterista'. Então ele o segurou pela gola do meu casaco e lhe meteu um gancho de direita."

Keith batizou o gesto de "soco do baterista" e complementa "é letal; tem muito equilíbrio e timing". Nada menos do que você esperaria de um cara cuja mão direita carrega o peso da MAIOR BANDA DE ROCK 'N' ROLL DO MUNDO há vinte anos.

Até aí tudo bem. Mas eis a parte da qual todos esquecem: o gancho de direita de Charlie Watts não é motivo de riso, e Mick voa sobre uma travessa de salmão defumado e vai em direção à janela aberta que dá para o canal abaixo — e admita, *Mick Jagger quase caindo da janela que dá para um canal depois de se espatifar sobre um prato de peixe defumado é hilário*. Depois de todas as drogas, a desventura, Altamont e todas as outras situações fodidas em que eles já estiveram, quem imaginou que os Rolling Stones terminariam assim, em uma cena mais digna de um filme dos Irmãos Marx do que de *Cocksucker Blues*?

Só que no último minuto Keith percebeu que Mick estava usando o casaco dele, *aquele com o qual ele havia se casado*, e não queria arriscar perder a peça. Um verdadeiro momento "deixe a arma, leve o cannoli". Keith agarra Mick e o joga de volta no quarto. Charlie está exasperado — e ficou feliz em ver Mick quase sair voando pela janela. Na verdade, ele quer partir para cima de Mick outra vez, mas Keith *insiste* que não quer perder o casaco.

CHARLIE WATTS TOCANDO BATERIA É O SOM DA FELICIDADE, O EQUIVALENTE AUDITIVO AO SNOOPY FAZENDO SUA DANCINHA FELIZ. NUNCA TEVE A VER COM TÉCNICA, E SIM COM ESTILO.

O fato de Keith ter salvado a vida de Mick, estranhamente, não melhorou as coisas. Keith, aquele tolo sentimental, continuava furioso com Mick, a quem ele agora apelidava regularmente de "Brenda" (algo equivalente ao nosso "Patricinha") ou "Madame" ou "Sua Majestade". Estava farto. Sua indignação básica era que se Mick quisesse fazer um disco de canções de ninar irlandesas com Liberace — algo que jamais poderia ser feito com os Stones — bem, então que fosse, mas "se ele não quiser mais tocar com os Stones e depois inventar de se juntar à 'banda de Baile do Bobo', vou cortar a porra da garganta dele". O momento não é dos melhores para os Stones, mas ao menos rendia material interessante para as reportagens. Alguém perguntou a Keith: "Quando vocês dois vão parar de reclamar um do outro?" e a resposta de Keith foi: "Pergunte à vadia".

Foi imensa a divulgação do primeiro disco solo de Mick, *She's the Boss*, principalmente na MTV e em todo o complexo musical-industrial detrás dela (isso sem falar no disse-que-disse que dominou os jornais), mas como um sábio disse certa vez: "Pois que adianta um homem ganhar o mundo inteiro e perder a sua alma?" Já outro sábio, Keith no caso, disse: "É como *Mein Kampf*. Todo mundo tinha uma cópia, mas ninguém consumia de fato."

De fato, ninguém que tinha o álbum se lembra dele — o que é bom, a música pop é amplamente descartável por definição —, mas é por isso que Deus deu a ele os Rolling Stones. Não havia necessidade de Mick dar suas escapadelas para fazer discos ruins de pop/rock — os Stones já davam conta de fazer isso sozinhos. Na verdade, Mick fez quatro dessas merdas, com retornos vertiginosamente decrescentes (antes de finalmente lançar o completamente dispensável e equivocadamente intitulado *The Very Best of Mick Jagger*,[81] uma obrigação contratual, só podemos presumir). Mas o mal já estava feito — nos anos subsequentes, os Rolling Stones

---

81 Dispensável porque já existia. Chamava-se *Exile on Main St.*

apresentaram sua melhor imitação do gato de Schrödinger, e Keith entrou no modo assassino.

O estranho é que não era inédito para os Stones fazerem discos solo. Bill Wyman foi o primeiro, em 1974, com *Monkey Grip*, um disco de rock 'n' roll bem-humorado e gravado com muitos amigos de peso — Lowell George, Dr. John, Leon Russell etc. Foi um lance perfeitamente agradável — Bill de fato sabe escrever canções pop/rock muito decentes, e obviamente gostava de fazê-lo, algo que ocorria no império da composição de Jagger/Richards. Wyman até mesmo lançou esse trabalho pelo próprio selo deles, Rolling Stones Records, então teve a bênção da família. Recebeu algumas boas críticas, Bill pôde brilhar por alguns momentos e ninguém encheu o saco dele por causa disso. Ele refez a empreitada alguns anos depois com mais do mesmo em *Stone Alone*, que era tão bom quanto um disco mediano de Ringo Starr, se não igualmente encantador. Também foi lançado pela gravadora dos Stones e ninguém encheu o saco dele por causa disso. Em 1981, Bill fez relativo sucesso com o inovador disco dance cheio de sintetizadores *(Si Si) Je Suis Un Rock Star*. Foi divertido na medida certa e inofensivo e chegou ao Top 40 britânico, e ninguém encheu o saco dele por causa disso.

Ron Wood vinha lançando discos solo há anos. *I've Got My Own Record to Do* (1974) — das sessões que renderam *It's Only Rock 'n Roll* — soa exatamente como soaria um disco solo do guitarrista do Faces, mas mesmo com a participação de um monte de amigos astros do rock, depois de umas poucas músicas você fica se perguntando por que dar atenção àquele álbum em vez de ouvir o Faces. *Gimme Some Neck* foi lançado no ano subsequente a *Some Girls*, e é muito divertido — não fez mal ter a presença de Charlie na bateria (isso sem mencionar Mick, Keith e Bobby Keys participando), embora depois de ouvi-lo algumas vezes você se perguntasse por que preferia estar ali a ouvir os Rolling Stones. Claro, Ronnie não era oficialmente um Rolling Stone na época, então ninguém encheu o saco dele por causa do álbum. Ele lançou mais algumas coisas de menor qualidade desde então, e também não faço ideia do motivo disso, mas todo mundo gosta de Ron — ele é como um cachorrinho que adora brincar, mas sempre na posição de acompanhante perene e, por isso, não representa ameaça ninguém.

E aí temos Keith. Ah, Keith, o que dizer?

Keith nunca se viu fazendo discos de rock 'n' roll fora dos Rolling Stones — para quê?[82] Mas Mick fugiu para se juntar ao circo e, de repente, era Keith quem devia botar a banda para funcionar, fazer um disco e cair na estrada.

Todos disseram ter adorado o primeiro disco de Keith, *Talk is Cheap*, mas daí todo mundo ama Keith. Ele é um homem do povo, e pelo menos enquanto Mick estava supostamente ocupado analisando relatórios de marketing, usando óculos meia-lua e um manto de seda com monograma enquanto um mordomo de luvas brancas estava ocupado passando a ferro sua cópia do *Wall Street Journal*, Keith estava na estrada, bebendo Jack Daniel's e tocando rock 'n' roll com um monte de caras de quem ele gostava de verdade.

Mas voltando ao nosso herói. A coisa mais notável — ou talvez menos surpreendente — é que Charlie Watts é o único Rolling Stone que seria capaz de fazer uma série de discos solo perfeitamente bacanas e livres de críticas negativas.

Ele daria conta de gravar até canções de ninar com Liberace — eis a genialidade de Charlie Watts. Não há uma pauta preestabelecida. *Ars gratia artis* — ele faz o que faz porque adora. É puro de espírito em todos os sentidos possíveis.

Além de tocar ocasionalmente com Ian Stewart e Jack Bruce em sua banda de boogie-and-blues, Rocket 88, no final dos anos 70 e início dos anos 80, Charlie começou sua carreira solo da maneira mais espetacular, com a Charlie Watts Orchestra em 1985, e, sem brincadeira, era uma BIG BAND de fato, mais de trinta pessoas, incluindo três bateristas — Charlie ficava na frente e no centro, ladeado pelos outros dois —, além de um exército de metais, incluindo os melhores boppers britânicos, caras

---

[82] Keith havia lançado um single solo em 1978, e ninguém deu chiliques por causa disso também. Foi só um single de Natal bem-humorado, "Run Rudolph Run", juntamente a uma versão horrenda, porém muito agradável, de "The Harder They Come" no lado B, com Ronnie na bateria e obviamente se divertindo para valer.

da velha escola e modernistas impenitentes, apresentando versões empolgadas de clássicos das big-bands e bop como "Stomping at the Savoy", "Lester Leaps In" e "Scrapple from the Apple".

Lembro-me de tê-los visto no Ritz, em Nova York, e a coisa mais impressionante era o sorriso de Charlie. Ele dominava o ambiente — de fato nunca vi um homem tão feliz.

Era uma banda deslumbrante — o mero tamanho da coisa toda já era inspirador —, e no meio estava Charlie, suingando junto, mas eram majoritariamente os dois outros bateristas que faziam o trabalho pesado. Charlie, que nunca teve aula de bateria, não é muito afeito a ler partituras — ele deixava os acompanhantes soltarem as bombas e tocarem com vontade —, mas ele se divertia muito dirigindo aquela gigantesca máquina de jazz.

Depois de fazer uma gravação ao vivo da big band, ele acabou se estabelecendo com seu Quinteto, coestrelando seu colega de escola Dave Green no baixo, que faria parte de todos esses projetos. Dave presenciou quando Charlie quebrou o braço daquele velho banjo e quando eram crianças costumava sentar-se com ele para ouvir os discos de 78 rotações de Charlie Parker, e eles ainda curtiam isso.

Em 1991, eles reformularam o livro infantil de Charlie, *Ode to a High Flying Bird*, na forma de um CD de tiragem limitada, *From One Charlie*. É lindo e estranho, como o próprio artista, apenas vinte e oito minutos de bebop bem paramentado, incluindo uma reimpressão de sua arte original, e é uma alegria em todos os sentidos possíveis, como uma homenagem, como parte de um sonho de infância finalmente realizado, como um disco de jazz independente. Charlie não é um baterista de jazz avassalador, mas ele suinga com facilidade, e o grupo se encaixa naturalmente, com seu amigo de infância no baixo, a quem ele é excepcionalmente leal, e o muito talentoso e suave Peter King — o excelente saxofonista britânico que trabalhou com todo mundo, de Philly Joe Jones e Anita O'Day a Ray Charles — desempenhando o papel de Bird, capturando o clima e de alguma forma evitando a esquisitice adstringente que Parker às vezes ostentava.

A Tribute to Charlie Parker with Strings, gravado ao vivo no ano anterior, em duas noites consecutivas no novo clube de Ronnie Scott em Birmingham, contou com Bernard Fowler, o backing vocal dos Stones, fazendo a leitura de um trecho de "Ode to a High Flying Bird" — a primeira metade do CD apresenta o Quinteto fazendo uma versão ao vivo de *From One Charlie*; na segunda, um trecho inédito com a seção de cordas. A maioria das músicas foi escrita pelo craque de Charlie, Peter King, e há mais um punhado de músicas de Charlie Parker apimentando o conjunto, fazendo dele algo muito maior do que um grupo de covers ou um gesto de tributo a um purista. A revista *Variety* classificou o projeto como "o solo de maior sucesso artístico de qualquer Rolling Stone".

Charlie estava obviamente vivendo um sonho, sentado atrás de uma banda de jazz de primeira linha, com um cantor convincente interpretando suas músicas favoritas e cercado por cordas. "Você senta e as cordas inflam", ele disse à *Rolling Stone*, "é um som fantástico para se assobiar. Eu gosto porque toco com guitarristas o tempo todo." Quase dava para sentir a tensão de seu trabalho principal derretendo.

Warm and Tender (1993) continha dezesseis standards com Bernard Fowler no vocal e ainda mais cordas — uma orquestra inteira, na verdade. A influência de Charlie Parker tinha ficado em segundo plano, e o disco seguinte, *Long Ago and Far Away* (1996), da memsa forma, cumpriu sua promessa — era exuberante, romântico nos dois sentidos e sexy de um jeito muito antiquado. Lindo, mas flui tão devagarzinho que provavelmente induziria a maioria dos fãs dos Rolling Stones a ideações suicidas.

Quando o Charlie Watts Quintet se tornou uma realidade, entre as turnês dos Stones no início dos anos 1990, Charlie também começou a aparecer na televisão, aparentemente fora do personagem "o Stone caladinho". Célebre por não gostar de aparições na imprensa, ele nunca estava disposto a falar sobre sua banda principal, mas sentiu que precisava aderir à velha escola com suas bandas de jazz e assim fazer a divulgação. Ele nutria o mesmo medo razoável de qualquer outro músico de jazz na última parte do século XX — de que, em determinadas noites, as únicas pessoas presentes na plateia fossem sua esposa e seu melhor amigo.

Mas ele foi tratado com reverência divina, mesmo quando desarmou apresentadores de talk show com sua cordialidade, humor seco e recusa em falar sobre os Rolling Stones, preferindo conversar sobre Dave Tough e Charlie Parker, Chico Hamilton e Big Sid. Havia pouca esperança de que alguém na plateia estivesse entendendo o que ele falava, mas quando o Quintet começava a tocar, todos ficavam encantados.

Sejamos honestos aqui: afora poucas exceções, quais as chances de um músico de jazz conseguir espaço para tocar em um talk show de televisão, quanto mais sentar-se no sofá para a entrevista?

Mas nem tudo neste mundo é igual. Ser um Rolling Stone tem suas vantagens — você só não tinha percebido até então que isso significava poder levar seu grupo de jazz para talk shows tarde da noite. E se, com isso, algumas pessoas acabassem por se interessar por Bird ou começassem a frequentar clubes de jazz, aí, além de se divertir, Charlie estaria espalhando a Palavra do Senhor. Os Stones do início fizeram o mesmo papel — pregadores do blues trazendo o Evangelho para as massas —, e deu certo. Foi isso que me fez viajar secretamente à cidade de Nova York para vasculhar latas de discos empoeiradas dos fundos da Disc-o-mat em busca de álbuns de Howlin' Wolf e Ike & Tina antes mesmo de eu ter dado meu primeiro beijo, e de ir a shows de Muddy Waters e B.B. King bem antes de ter idade suficiente para dirigir.

O Charlie Watts Quintet tocou no Ronnie Scott's, em Londres, e no Blue Note, em Nova York. Excursionou pela América do Norte, Europa e Japão, e foi ficando cada vez maior, em tamanho e popularidade. Em determinados períodos, a banda cresceu a um deceto, e Charlie lançou outro disco ao vivo, *Watts at Scott's*. Nesse ponto, em meio a seus discos solo, voltas com Howlin' Wolf e Ronnie Wood e Leon Russell, e participações aqui e ali, ele tocou em mais discos bons do que Mick Jagger.

Como se viu, Charlie Watts, *sem* os Stones, era adorado — a mística de ser o único cara do grupo que não gastava toda a mesada em delineador, que era genuinamente tímido, cujos fios grisalhos falavam de gentileza e não decadência, e que tocava bateria com uma humildade que teria sido enervante se não fosse tão fodidamente suave (ele também adorava girar a baqueta à

CHARLIE WATTS SEMPRE FOI FIEL À SUA ESCOLA. MESMO SOB O PESO DOS ROLLING STONES, O JAZZ JAMAIS O ABANDONOU.

moda antiga), era, à sua maneira educada, uma coisa muito poderosa.

Mais uma vez, ele estava praticamente redefinindo a música em sua simplicidade. Apesar de sua capacidade de agitar estádios lotados, ele não chegava ao mundo do jazz com o poder torrencial de Elvin Jones ou Tony Williams, e não controlava o clima como Kenny Clarke ou Roy Haynes, que sabiam criar tempestades de granizo de bebop em alta velocidade rumo ao êxtase. Mas havia um suingue natural no seu jeito de tocar, nascido do puro amor pela música e forjado por anos atrás da caixa. Ele jamais demonstrava ansiedade — não havia muita *penetração* nessa música — e nutria uma reverência quase religiosa por *tudo que fosse* jazz, a qual felizmente foi deixada para trás junto com os Stones.[83]

Com seu Quinteto, Charlie muitas vezes se contentava apenas em "mexer a sopa", passando os pincéis pela pele áspera da caixa, assim como Chico Hamilton fez em "Walkin' Shoes", o primeiro disco que o inspirou; ou marcar o tempo no prato de condução, ocasionalmente deixando cair o contratempo, como Jimmy Cobb fez na versão de "Flamingo" de Earl Bostic, mais uma de suas favoritas nos primórdios.[84] Mas em 2009 ele montou uma banda de jazz e boogie muito mais impressionante — a absolutamente extasiante ABC&D of Boogie Woogie, com dois pianos, baixo e bateria. Charlie agora voltava a mexer como um louco nas escovas

---

83 *The Charlie Watts/Jim Keltner Project* é a exceção na discografia solo de Watts, um disco excêntrico de bateria sobreposta a outra bateria, mutiladas por sequenciadores, samplers e outras percussões — tachos e panelas, tambores indianos, aparentemente qualquer coisa que estivesse à mão — que Charlie fez com seu bom amigo, o perfeito baterista neoplatônico Jim Keltner. Soa vagamente como música eletrônica africana abstrata, se é que isso realmente existe. Cada faixa tem o nome de um baterista amado por eles — Shelly Manne, Tony Williams, Kenny Clarke etc. — embora aparentemente tenha muito pouco a ver com qualquer um deles. E, no entanto, esta é mais uma razão pela qual Charlie Watts é o cara — ele parece ser o único do time sem medo da vanguarda, que não fica matutando se vai desenhar fora das linhas, experimentar ou fazer arte pela arte. Em 1968, ele até mesmo financiou e produziu um disco do coletivo britânico de hippies de free-jazz, a People Band, que criou o tipo de barulho que aterrorizava até mesmo fãs de jazz hardcore e usuários de LSD. Pessoalmente, acho que é um disco muito legal, e o fato de Charlie incentivar esse conjunto de lunáticos musicais mostra como ele era um cara bacana (mas ouvi-lo uma vez foi suficiente).

84 Cobb passou a tocar com Miles em *Kind of Blue* e *Sketches of Spain*, isso para não mencionar os anos com Sarah Vaughan etc., mas ele sabia como bater o compasso *dois* e o *quatro* quando tinha grana na jogada.

ou suingava loucamente no prato de condução, tocando-o como costumava fazer nos primeiros dias dos Stones, quando eles ainda estavam fazendo "Down the Road a Piece", e agora retornado para a glória no disco *Live in Paris*, do ABC&D. Era pesado e sem guitarras como nos velhos tempos, quando a distância entre o jazz e o rock 'n' roll ainda era medida em respirações curtas.

Em 2017, ele lançou o que possivelmente foi seu melhor esforço, *Charlie Watts Meets the Danish Radio Big Band* (gravado em 2010), uma suíte estilo Gil Evans que apresentava alguns riffs dos Stones ("Satisfaction", "Paint It Black", "You Can't Always Get What You Want"), fazendo a coisa toda soar como a trilha sonora de um noir drogado que precisava desesperadamente de uma dose.[85]

Charlie Watts tocando bateria é o som da felicidade, o equivalente auditivo ao Snoopy fazendo sua dancinha feliz. Nunca teve a ver com técnica, e sim com estilo. E sem solos de bateria! Um bom lembrete para quem ainda fica preso a técnicas cegas para definir um grande músico: *não significa nada se não tem suingue*. Não é irônico que essas também sejam as lições ensinadas pelo punk e country, pelo rock e blues. A essa altura você já sabe — é tudo a mesma merda.

De muitas maneiras, os Rolling Stones, no seu melhor, eram uma banda de jazz mais intensa do que as bandas de jazz de verdade de Charlie[86] — quando os Stones botavam a mão na massa, pouca coisa era tocada da mesma maneira duas vezes. Havia mais improvisação em grupo. Eles não faziam *jam*, não no sentido hippie, mas no sentido de que o roll ainda lubrificava o rock. Eles sabiam untar a coisa toda.

Nos primeiros quatro compassos de "All Down the Line" e nas quebradas de "Rip This Joint", Charlie tocava um jazz mais agressivo e inco-

---

85 Em uma escalação de elenco inspiradora em um filme de outra forma sombrio, os principais membros do Charlie Watts Quintet são apresentados no filme *Blue Ice* (1992), estrelado por Michael Caine no papel de um ex-espião que se tornou dono de um clube de jazz.

86 Duke Ellington, previsivelmente, apresentou a melhor definição: "Rock 'n' roll é a forma mais estridente do jazz."

mum do que em qualquer um de seus combos de jazz. Havia mais improvisações e flashes em "Midnight Rambler" quando a coisa fluía e Keith e Charlie faziam aquele lance deles, mudando o andamento e misturando paradas de shuffle malucas, do que em qualquer sessão do Quintet.

E eis mais um motivo para Charlie Watts ser o cara: mesmo a presença na banda de rock 'n' roll mais bem-sucedida do mundo não seria capaz de impedi-lo de viver seu sonho.

11. BRIDGES TO NOWHERE

MAIS OU MENOS EM **1983**, O HERÓI DESTA HISTÓRIA, o baterista que tem sido a cola nesta fábrica de insanidade, fica completamente fodido.

Depois de anos de parceria com o viciado mais famoso do mundo, mas aderindo principalmente à bebida e alguns baseados, Charlie começa a passar seus dias viajando em metanfetamina e heroína, bebendo no ritmo de um sujeito empenhado em alcançar os feitos do amigo Keith Richards. Ele está com 42 anos nessa época.

Então, novamente, quem de nós teria a força para *não* desenvolver um problema com drogas e bebida depois de passar a vida com aquelas rainhas do drama?

Na verdade, o maior problema é *não* andar com elas, o lance de ficar com as mãos ociosas e coisa e tal. Quando os Stones começaram, eles acompanhavam o ritmo da indústria musical: *fazer um disco, fazer uma turnê, fazer um disco, fazer uma turnê*. Essa sempre foi a rotina. Mas agora poderia haver um hiato de *anos* entre cada álbum. Quando eles finalmente começaram a gravar *Undercover* — aproximadamente quando o problema de Charlie com o álcool começou a aumentar — a banda estava completamente disfuncional.

Isso não é a porra do *Goats Head Soup* — é algo totalmente diferente. Lá estão Keith e Mick não apenas se atacando, mas tentando ativamente se sabotar. Ir ao escritório era uma merda. Fazer discos dos Rolling Stones costumava ser divertido. Agora equivale a cavar sepulturas.

Undercover veio e foi, mesmo que a faixa-título e "She Was Hot" tivessem algum poder de permanência nos shows (a primeira soava como se os Stones estivessem brincando, uma vez que todos os respingos eletrônicos foram eliminados, e a segunda, quando tocada com um pouco de dignidade adulta, deixava de soar como um hit pop pateta e se revelava mais uma grandiosa música country secreta). Enquanto isso, Mick partia em sua viagem solo, a Terceira Guerra Mundial tinha seu início (vide o capítulo anterior), e de repente ocorria um período profano sem Rolling Stones.

Quando Charlie estava em casa, ele levava a vida de um aristocrata rural em sua fazenda de cavalos em Devon, mas sempre dizia que sua esposa ficava louca com sua presença constante. "Ela é maravilhosa", disse ele ao Daily *Mirror*, "ela é especial. É uma mulher incrível. Ela é muito boa comigo, nunca me causou problemas. O único arrependimento que tenho nesta vida é não ter passado tempo o suficiente em casa. Mas ela sempre diz que quando não estou em turnê sou um pesadelo, aí me manda voltar ao trabalho."

Ele é um sujeito peculiar, esse Charlie. É um colecionador, com muitas relíquias da Guerra Civil Americana, e sua coleção de baterias antigas e bacanas, artefatos do jazz que ele ama, é lendária. Ele também coleciona carros antigos, mas não sabe dirigir. Nunca tirou carteira de motorista. De vez em quando, ele se senta ao volante e liga os motores, mas não passa disso.

Quando as turnês são adiadas e o vocalista da banda começa a ameaçar explodir o trabalho de sua vida, pode ser que você comece a aderir às drogas, só digo isso.

"Fazendo um retrospecto, acho que foi uma crise de meia-idade", são as palavras de Charlie na *Drum Magazine*. "Eu me tornei outra pessoa por volta de 1983, e saí disso por volta de 1986. Quase perdi minha esposa e tudo o mais por causa do meu comportamento."

Considerando que era o Stone caladinho, até que ele se abriu bastante sobre aquela época terrível.

Mas não foi a primeira vez que Charlie provou o que não devia — ele andou brincando com heroína durante a gravação de *Some Girls*, bem quando Keith estava em suas rodadas finais com a droga e passando por um perrengue. "Adormeci no chão", confessou Charlie à BBC. "Keith me acordou e disse: 'Deixe para fazer isso quando for mais velho'".

Charlie desistiu na hora, mas infelizmente levou a sério o conselho de Keith e retomou a brincadeira seis anos depois. Quando eles finalmente conseguiram fazer o disco seguinte, *Dirty Work*, ele estava tão fodido que mal conseguia tocar, então tiveram de chamar alguns músicos para assumir a bateria, incluindo o futuro colega de banda de Keith, Steve Jordan, e o músico de estúdio Anton Fig. Até Ronnie Wood tocou bateria em uma faixa. Foram necessários mais de vinte músicos para finalizar o disco.

Charlie disse à revista *Rolling Stone*: "Quase me matei. Ao final de dois anos usando metanfetamina e heroína, eu estava muito doente. Minha filha costumava me dizer que eu parecia o Drácula..."

"Eu simplesmente parei de uma vez só — por mim e pela minha esposa. Nunca fez meu estilo, na verdade. Desmaiei no estúdio uma vez, e isso para mim foi uma evidente falta de profissionalismo... Desmaiei e Keith me levantou — esse gesto é a cara dele, e olhe que já vi Keith em todo tipo de situação, fazendo todo tipo de coisa — e ele me disse: 'Esse é o tipo de coisa para se fazer aos 60 anos.'"[87]

O fundo do poço veio quando ele quebrou o tornozelo ao descer uma escadaria para pegar uma garrafa de vinho. "Escorreguei escada abaixo quando estava indo à adega", disse ele ao jornal *The Guardian*. "Acontece que eu tinha sido contratado para fazer um show de jazz no Ronnie Scott's dali a seis semanas, e o acidente serviu para mostrar o rumo que eu estava tomando. Simplesmente parei tudo — de beber, de fumar, de usar drogas, tudo, tudo de uma só vez. Eu simplesmente pensei: basta."

Enquanto isso, Mick e Keith continuam sem se falar, e com Charlie dominado pelas drogas, a situação da banda se torna uma espécie de enigma existencial — como fazer um álbum dos Rolling Stones *sem os Rolling Stones*?

Não é de se surpreender que *Dirty Work*, empurrado ao público em 1986, seja um péssimo disco.

Ironicamente, é neste álbum que está a última grande música dos Rolling Stones.

---

87 Felizmente, desta vez Charlie não seguiu o conselho de Keith. Em 2001, quando completou 60 anos, Charlie estava em ótima forma, se preparando para a enorme turnê The Licks Tour: 117 shows nos cinco continentes em pouco mais de um ano.

Eu vou me arriscar e dizer, só para constar, que a última grande faixa original dos Rolling Stones é "Had It with You", e não consigo pensar em uma única música escrita pelos Rolling Stones em nenhum disco desde então que eu sinta necessidade de ouvir novamente. Quando elas tocam no rádio, eu não mudo de estação, mas alguém por acaso chega em casa depois do trabalho e bota *Bridges to Babylon* para tocar?

"Had It With You" é de longe a coisa mais desconexa que eles já colocaram em um disco. Em grande parte, é apenas a guitarra de Keith, com Mick nos vocais e em sua gaitinha rancorosa, e Charlie num ritmo lânguido (eles sequer se preocuparam em inserir um baixo), uma brincadeira cheia de ódio partida ao meio com o tipo de quebradeira suja que eles não provocavam desde "Midnight Rambler".

Este é Keith no auge da frustração, escrevendo uma música só para Mick:

I love you, dirty fucker...

Mick entendeu e soltou a voz *com força*. E é incrível como esse som passou batido do radar e passou pelo crivo dos executivos da gravadora, pois é tão *cru*. O restante do disco — "One Hit (to the Body)", "Fight" etc. — soa como a trilha sonora de um dos últimos filmes do *Rocky*, o que faz sentido, já que *Dirty Work* é basicamente o som de Mick e Keith brigando.

Boa parte da brutalidade contida em "Had It with You" se dá por causa de sua honestidade — isso sem mencionar a bateria, Charlie estava mandando bem naquele dia —, mas no mundo dos Stones, mal se qualifica como uma gravação profissional. Certamente não tem o arremate plástico e corporativo que matou o restante do álbum. Está mais para uma versão atraente da cena avant-blues-garage-punk — o underground que cuspiu bandas como The Oblivians, The Gories e Jon Spencer Blues Explosion. É uma pena que o disco inteiro não soe assim.

Nesse ponto, Keith resolve reunir sua banda — Mick se recusa a fazer uma turnê com os Stones e continua a produzir seu próximo álbum solo, *Primitive Cool*, o que não é surpresa alguma — e Charlie entra na linha e se aprofunda em seu projeto de big band. Teria sido mais barato providenciar um psiquiatra da velha guarda e uma estadia na clínica reabilitação de celebridades favorita de Ronnie, mas quando você é Charlie Watts, pode escolher sua terapia, e ele o fez montando uma big band com seus jazzistas favoritos. Quando o projeto começou ele abandonava seu período sombrio, mas quando levou o show a Nova York, estava irradiando felicidade.

"Meu período ruim teve seu lado triste e seu lado bom", disse ele mais tarde, na história oral dos Stones. "Sem as drogas, eu nunca teria coragem de pedir para aqueles caras tocarem comigo. (...) A orquestra de jazz era uma boa banda no final — durante nosso período tocando, eu conquistei a sobriedade, então a primeira fase foi completamente doida, e a segunda fase foi totalmente careta: em quarenta anos, foi a primeira banda em que toquei na qual eu fiquei completamente careta."

Por fim, três anos depois de *Dirty Work*, Mick e Keith acordam na estrada para Damasco e se dão conta da importância de seu ganha-pão, e que é melhor os Rolling Stones voltarem ao estúdio e começarem a pensar em um disco e em uma turnê.

O álbum seguinte, *Steel Wheels* (1989), é um "retorno" — embora pareça assim desde que Ronnie se juntou a eles — e a partir dele vemos um borrão de turnês cada vez mais bizantinas e discos de estúdio desfocados, sendo que cada um deles (os discos, quero dizer), com uma notável exceção, merece uma nota de reprovação.

Claro, sessenta por cento é um baixo aproveitamento, então em um álbum de doze músicas, deve haver pelo menos 7,2 músicas boas, mas aqui estou sendo absurdamente gentil. Seria como dizer à sua avó de noventa anos que você acha lindo o vestido horroroso e roído pelas traças que ela está usando.

Steel Wheels não é terrível, nem memorável, mas foi incrivelmente bem-sucedido, ganhando disco duplo de platina nos Estados Unidos. Definitivamente havia um movimento popular que queria que os Stones parassem de se atacar e fizessem um disco de rock 'n' roll.

O álbum tem lá seus momentos empolgantes, mas definitivamente não tem 7,2 boas músicas. Provavelmente é digno de "uma nota sete, só para o aluno não levar bomba", como se costuma dizer. Mais importante para a nossa história, Charlie é agora o *significante*. Os Stones são os *significados*. Mick e Keith são obviamente humildes, e sabem que sempre que não conseguem resolver, é Charlie quem vai garantir que o que quer que eles façam soe como os Stones devem soar.

Steel Wheels se anuncia com uma explosão de Charlie Watts em "Sad Sad Sad" — um rufo eletrizante de caixa que decola *atrás da batida antes mesmo de a música começar*, perseguindo uma introdução de guitarra em sol aberto (provavelmente tocada por Mick, mas é o som de Keith). É o som dos Rolling Stones. Na minha opinião, é a melhor música do álbum. A caixa de Charlie soa mais eloquente do que no álbum *Tattoo You* — não é tão legal e pesada, mas definitivamente se tornou *interessante*.

A introdução de bateria e guitarra em "Mixed Emotions", o suposto single, é outro bom quebra-cabeças dos Stones. A bateria é uma batida frenética de Charlie em uma frase da Motown, mas a guitarra entra nos contratempos, dando-lhe a oscilação total antes de o restante da banda entrar em cena — o que por si só já é um prodígio, pois tudo acontece rápido demais. É difícil imaginar como alguém é capaz de inserir tanta emoção em meio segundo de música. Eu ouviria esse trecho em looping o dia todo, e nem me importaria com o restante da música.

Não é que seja uma música *ruim*, é que eles jogaram o padrão tão lá em cima, que o que seria um ótimo single para a maioria dos grupos é a maré baixa para os Rolling Stones. Eles não estão mais fazendo o que Phil Spector certa vez chamou de "uma contribuição". Cada disco tem seus momentos, mas você precisa de algum tipo de varinha de condão para encontrá-los.

Mas para onde quer que você olhe, ali está Charlie:

No álbum *Voodoo Lounge*, que saiu cinco anos depois, em 1994, mais uma vez Charlie é a primeira coisa que você ouve no disco. A introdução da bateria em "Love Is Strong" é tão legal e confiante que você até se arrisca a achar que este disco pode ter alguma chance — um roll quebrado coroado com um pequeno golpe no prato China, tudo o que você deseja no primeiro momento de uma canção dos Stones.

A segunda música, "You Got Me Rocking" — que é o que "Going to a Go-Go" deveria ter sido — é mais do mesmo: Charlie entra antes da banda, só que mais forte, tocando na caixa, e então vem aquela adorável explosão do prato China.

Terceira música, "Sparks Will Fly", oferecendo mais Charlie — e agora a terceira música consecutiva que começa com ele mandando ver.

E assim vai...

Ele também não sofre na mixagem — sua caixa *domina*. Toda vez que ele toca o prato China soa como se uma árvore tivesse sido atingida por um raio. E então, na última música, "Mean Disposition", ele faz um suingue old-school. Jazz e big-beat puríssimos.

Qual é a mensagem aqui? "Charlie está mandado bem esta noite, não está?"

Keith muitas vezes sugeriu que qualquer um que largasse os Stones "só sairia da banda em um caixão", mas quando eles começaram a gravar *Voodoo Lounge*, Bill Wyman já tinha ido embora. Tendo concluído que não dava mais para continuar fingindo estar em uma banda de rock adolescente, ele simplesmente se levantou e foi embora.

Bill foi um arquiteto do som dos Stones, crucial para o balanço, um agente fundamental dos melhores discos da banda, no entanto, os tempos mudaram. Na verdade, desde a turnê Urban Jungle, formatada para divulgar *Steel Wheels*, o palco vinha sendo dominado mais por não-Stones do que pelos Stones — três ou quatro vocais de apoio, uma seção de metais formada por três ou quatro músicos, um ou dois tecladistas. O som estava muito adocicado — se fosse um papelote de cocaína, pode-se dizer que estava "batizado" — e botar qualquer novato tocando baixo não faria muita diferença. Keith não acaba com a raça de Bill devido à sua saída e, basicamente, ninguém dá a mínima. Mick. Keith. Charlie. Ronnie. Esses eram os Rolling Stones, e eles ainda eram muito capazes de, em qualquer noite que fosse, manter a postura de A MAIOR BANDA DE ROCK 'N' ROLL DO MUNDO.

O novato em cena é Darryl Jones, escolhido por Charlie. Esse é um sinal de respeito. Aparentemente, Charlie é atraído pelo fato de Darryl ser um ex-músico da banda de Miles Davis, muito embora tivesse sido da formação da década de 1980, e aposto que não são os discos de Miles que Charlie ouve em seus dias de folga. Jones também tinha tocado com Sting, mas aparentemente todo mundo se dispôs a ignorar isso.

Darryl pesa um pouco mais a mão no baixo do que o último cara, mas ajuda a preencher tudo quando Ronnie e Keith estão ocupados fazendo firulas. De qualquer forma, ele é um ótimo baixista, um cara legal, e pelo menos ninguém o obriga a se vestir como Bill Wyman.

———

Por volta de 1997, tendo registrado outra turnê de proporções galácticas, eles estão de volta ao estúdio, mas, novamente, vez se põem a agir como crianças petulantes em vez de adultos em uma banda profissional de rock 'n' roll. Mick e Keith estão se evitando, aparecendo em horários diferentes e realizando gravações separadas. Mick anda metido com caras de hip-hop quando Keith não está por perto, e no final eles nem estão se falando de novo. É trágico pra caralho, porque, você sabe, eles fazem ótimos discos quando estão numa boa.

Mas aí Charlie entra em cena: mais uma vez, o primeiro som que você ouve em "Flip the Switch", a primeira faixa do álbum novo, *Bridges to Babylon* (1997), é Charlie, e desta vez é uma introdução de bateria *épica* — o *shwoop*, uma provocação e alternância entre prato e caixa, o que soa como o prato China maior com rebites (mais conhecido no meio como "swish knocker"), seguido por um pequeno *zoo-zazz*, uma batida de condução, outra reviravolta, e depois de volta à batida antes de a guitarra entrar — é como uma *suíte* de Charlie Wattsismos, praticamente o suficiente para um balé, e realmente bastante expansivo para uma música formal dos Stones.

Neste disco, a caixa é como um monstro radioativo. O som sujo está de volta, e é arrasador. Infelizmente, não há jazz em nenhum compasso. Há seus momentos — sempre há —, mas é uma bagunça desconexa. É difícil dizer o que cada um estava realmente pensando.

Exceto, é claro, que Charlie tem aquela mãozinha *je ne sais quoi*, e em algum tipo de tentativa de dar à coisa toda o *tchan* que tão desesperadamente lhe falta, a bateria é mixada em volume tão alto que podemos muito bem intitular a banda de Charlie Watts e seus Rolling Stones.

Eu penso muito nos dias derradeiros de Elvis.

Nos últimos quinze anos de sua carreira, ele foi visto pela parcela descolada dos norte-americanos como uma espécie de artefato dos anos 1950, um ato de nostalgia. Ele pertencia aos pais de alguém, e aquela era uma época em que nenhum maconheiro que se preze seria pego ouvindo discos de velho, não importava que Elvis provavelmente fosse o maior cantor do gênero masculino dos Estados Unidos, e que quando ele trazia o blues à tona, era blues de verdade, sorvido da própria fonte. Elvis trouxe o rock 'n' roll *que ele mesmo inventou*. Quando cantava gospel, ele era capaz de fazer você chorar.

Em 1968, enquanto os Stones faziam sua declaração em *Beggars Banquet*, Elvis foi à televisão e, canalizando Martin Luther King, cantou "If I Can Dream", uma das canções mais emocionantes da era dos direitos civis, e talvez sua performance mais apaixonada. Ele tinha 33 anos na época, mais ou menos a mesma idade que os Stones quando estavam produzindo *Some Girls* e batendo nos punks. Mas Elvis era considerado ultrapassado e parte do establishment. Suas credenciais rebeldes haviam expirado.

Do seu jeito, "If I Can Dream" era tão poderosa quanto "Street Fighting Man" ou "Gimme Shelter". Elvis já havia liderado uma revolução, agora pedia união. No mesmo programa de TV, é importante citar, ele também cantou uma música de Jimmy Reed. Elvis e os Stones nunca estiveram tão distantes. Para dizer a verdade, Elvis estava muito à frente, sendo glamuroso e abusando do delineador muito antes de Mick e Keith abordarem esse visual. Mas ambos sabiam que, quando se tratava de música, era tudo a mesma merda.

Todas as bandas de rock 'n' roll do país tinham uma grande dívida para com Elvis — quanto Jim Morrison havia surrupiado dele? E quão melhor era a banda de Elvis de 1970 em relação ao The Doors? *Imensamente*, creio eu, é a palavra que você está procurando.

No início da década de 1970, Elvis tinha uma das melhores bandas do planeta, um grupo de craques com James Burton (o herói de Jimmy Page) na guitarra — no começo de sua carreira, Page estava tão encantado com Burton que tinha uma foto dele em sua carteira — isso sem mencionar o incrível Ronnie Tutt na bateria, cuja introdução estrondosa e bombástica que ele concedia ao início do show de Elvis todas as noites era o equivalente a uma versão Las Vegas de Keith Moon.[88] É uma tragédia que a juventude norte-americana em 1972 tenha gastado mais dinheiro com os Doobie Brothers do que com Elvis, mas tal era o estado da cultura rock 'n' roll. Ninguém tinha heróis naquela época.

---

[88] Tutt mais tarde cumpriria pena com a Jerry Garcia Band, o que não é nada desprezível. Se tinha um cara que gostava de tocar sem pressa, esse cara era Garcia. Aqueles andamentos eram *brutais*. É importante mecionar também que quando o pessoal do The Doors acordou e concluiu que precisava de ajuda no registro mais baixo, eles contrataram o baixista de Elvis, Jerry Scheff, para tocar em L.A. Woman. Mais tarde, ele também trabalhou com Bob Dylan e Elvis Costello. Era impossível superar esses caras.

Elvis morreu aos 42 anos. Era viciado em drogas, mas eram drogas diferentes das que estavam na moda na época. Digamos que ele também estava à frente do seu tempo nesse departamento.

Se ele não tivesse morrido, imagino que teria continuado a fazer praticamente as mesmas coisas. Mais música gospel, com certeza. Dentre suas últimas grandes sessões havia uma no epicentro do soul, aquela no Stax Studios, mas ele já estava praticamente de saída e não tinha Keith Richards para lhe dar um chute na bunda.

As leis físicas e espirituais que governam as bandas são muito diferentes daquelas que governam o universo dos agentes livres, como Elvis — ou Bob Dylan ou Neil Young ou Robert Plant, isso só para citar alguns ícones do rock clássico que fizeram grandes shows aos 70 anos e não foram tão docilmente nessa noite linda; muito menos Iggy Pop, que chegou aos 70 anos ligado no 220 V. Existe algum tipo de química molecular em ação quando se trata de *bandas*, laços fortes e laços fracos, e é por isso que Charlie, Keith e Mick são os caras. É como construir uma molécula de água: hidrogênio e oxigênio são muito bacanas sozinhos, mas coloque-os juntos e você vai poder nadar.

Lembre-se de que os Stones eram humanos: em 2004, aos 63 anos, Charlie é diagnosticado com câncer na garganta. Ele acha que vai morrer. Havia uma boa chance de morrer mesmo. Mas eles descobriram o câncer cedo. Foram necessárias duas cirurgias e semanas de radioterapia, e ele ficou muito mal, como qualquer outro ser humano, exceto que ele é a porra do Charlie Watts, e ele voltou *forte*.

"De repente, Mick e eu olhamos um para o outro e dissemos: 'Possivelmente, somos os dois únicos que restaram dos originais'", relatou Richards à *Billboard*. "[Mas] você não fala sobre essa merda, sabe? A gente estava contando que o Charlie ficaria bem e, por incrível que pareça, Charlie está incrivelmente em forma... quero dizer, ele é feito de ferro fundido. Ele voltou e tocou em cada ensaio como se estivesse em um show. Incrível, sim."

Se você acredita no hype, eles se sentam um de frente para o outro e começam a escrever um disco de rock 'n' roll básico, *A Bigger Bang* (2005), tocado ao vivo no estúdio, principalmente Mick, Keith e Charlie fazendo o lance deles, com todos os seus antigos problemas agora para trás. Até parece.

Os primeiros trinta segundos da primeira música, "Rough Justice", são incríveis — somos agraciados com guitarras sujas e uma explosão incrível de bateria. Parece que Charlie está decolando em um foguete rumo à lua. Eu seria capaz de ouvir esse trecho muitas e muitas vezes.

Mas logo você volta a se dar conta de que isso são os Stones soando como acham que deveriam soar. Deve ser estranho se flagrar nessa posição, em que você se tornou tão parte do espírito da época que não consegue mais escapar de si. É como ficar sem roupa limpa e ter de roubar uma de suas próprias camisetas da loja de merchandising. Dizem que acontecia com Picasso o tempo todo.

A Bigger Bang tem alguns momentos legais — muita bateria interessante, como sempre — mas não há profundidade, nenhum balanço genuíno, zero tecelagem, zero senso de inspiração além daquele necessário a qualquer novo produto a fim de promover uma turnê, a qual incluía estrelar o show de intervalo do Super Bowl de 2006.

E o mundo moderno achava que Elvis era parte do establishment.

Eles também fizeram um filme-concerto naquele ano, *Shine a Light*, com Martin Scorsese. Não importava a existência dos discos frustrantes — em seus 60 anos, os Stones estavam em excelente forma. As guitarras não eram mais armas de destruição em massa, e às vezes eles soavam meio patéticos com todas aquelas poses e despreocupação estudadas, mas continuavam a ser os Rolling Stones, os grandes profetas do blues e do soul, isso sem falar no glam, no country e na sujeira fora de moda explodindo em "All Down the Line" e levando a uma versão gordurosa e grosseira de "Some Girls", muito embora ela tivesse figurado em um concerto beneficente para a Fundação Clinton, a instituição de caridade do ex-presidente norte-americano famoso por seus próprios problemas com garotas.

Parecia uma cotovelada nas costelas, com a presença de Bill e Hillary Clinton e tudo o mais, mas a música não soava mais tão malvada quanto em 1978 — estava mais para uma música obscena que seu avô poderia cantarolar depois de umas doses a mais no Natal — e as mulheres millennials colocadas nas primeiras filas para embelezar o cenário (substituindo os baby boomers menos fotogênicos que normalmente ocupam esses assentos) estavam genuinamente excitadas ou, mais provavelmente, alheias à letra da música, ou simplesmente empolgadas por estarem ali, não importando que os Stones provavelmente fossem a banda favorita de seus pais.

Mick estabelece terreno com Charlie em seu encalço, esmagando seu prato China entre suas viradas flexíveis e promíscuas, vendendo seu peixe de um jeito que mais ninguém no mundo seria capaz.

Os anos voam, e os Stones não param. Há um punhado de turnês a seguir, todas imensas em escopo e hype, incluindo a do cinquentenário dos Stones em 2013, mesmo ano em que Mick e Keith completam 70 anos — Charlie é alguns anos mais velho, Ronnie alguns anos mais novo — para a qual Mick Taylor é convidado a retornar para tocar uma releitura de "Can't You Hear Me Knocking", evidência de que tentar se livrar das jams da era das drogas em uma idade sóbria é um empreendimento de alto risco.

Mais turnês se seguem, cada uma rendendo mais do que a outra, e a maioria delas ganha algum tipo de gravação ao vivo como souvenir, todas terrivelmente redundantes, mas caso você esteja no clima vampiresco e queira comparar a versão de 1972 de "Jumpin' Jack Flash" com as versões de 1999, 2012 ou 2015, beleza, está tudo disponível — na última vez que contei, os Stones tinham lançado mais de 25 discos ao vivo. Talvez o mais incrível disso tudo seja que Charlie nunca toque sua bateria do mesmo jeito duas vezes.

Pelo menos a essa altura eles descobriram que não precisavam continuar lançando novos discos de estúdio para se manter na estrada. A demanda por ingressos parece ser diretamente proporcional a algum imaginário Relógio do Apocalipse do Rock 'n' roll. A faísca azul cálida que ligava Charlie Watts e os Rolling Stones à antiguidade ainda ardia reluzente, intensa, mas quando acabasse, não haveria nada para substituí-la.

Um dos grandes marcos da banda é o concerto gratuito em Cuba em 2016, com a presença de meio milhão de pessoas.

Cuba é uma joia em suas coroas um tanto espinhosas. Já faz muito tempo desde que eles separaram a música da política, mas este é um exemplo de um bom retorno — tem tudo a ver com liberdade. Já de volta aos Estados Unidos, o maior ato de rebeldia dos Stones foi ter tido a *ousadia* de cobrar US$ 500 por um ingresso.

Ao assistir ao filme da dita viagem a Cuba, *Havana Moon*, é difícil não se emocionar — a resposta do povo cubano é de alegria desinibida. Lá estão eles, os Rolling Stones, embaixadores de uma cultura que não muito tempo atrás teria levado o cubano médio à prisão. É um registro extremamente otimista, do mesmo jeito que o rock 'n' roll já foi um dia, antes de se tornar cooptado e corporativo, e de toda a experiência se normalizar.

Mick continua a correr dezesseis quilômetros por noite em uma superfície tão grande que dificilmente poderia ser chamada de palco. Está mais para um porta-aviões enfeitado com telões. Se uma guerra estourar, creio que estarão preparados. Para quem está assistindo o tempo todo, a banda está desacelerando, mas ao final da noite, ainda são os Rolling Stones tocando "Jumpin' Jack Flash", Charlie ainda segue no encalço de Keith, e a enorme audiência está em êxtase. Gerações de cubanos celebram juntas. As pessoas estão chorando, e não é por causa do preço do ingresso.

O rock 'n' roll venceu, e se você puder julgar alguém pela quantidade de pessoas para quem eles tocaram e por quanta alegria eles trouxeram à vida de muitos, então os nomes dos Stones estarão devidamente gravados no Livro da Vida, e todas as transgressões cometidas serão perdoadas.

Enquanto os Stones seguiam em frente, o show permanecia espetacular, amiúde tão alegremente desleixado como sempre, embora um pouco lento. Mas deixando de lado as revoluções do rock 'n' roll cubano, é o que eu chamaria de "valor neutro". O que "Gimme Shelter" deveria significar no século XXI? Estupro e assassinato não são o que costumavam ser. Nem a escravidão e a heroína, mas alguém ainda está prestando atenção nas letras?

O show dos Stones se tornou uma espécie de homenagem ao passado, o que me deixa um pouco triste, mas também me faz lembrar de que a nostalgia é uma daquelas raras coisas capazes de oscilar entre o patológico e o patético (por que as coisas não podem ser como dantes, nos bons velhos tempos?), ou ser uma força de união, a celebração de uma experiência compartilhada que nos une a todos. O que os Stones septuagenários tinham em comum com os Stones de antigamente é que as pessoas ficavam *muito* empolgadas por vê-los, doidas de expectativa. A presença deles nunca foi dada como certa — eles eram guerreiros que faziam muito pouca concessão à sua idade e causavam tumulto aonde quer que fossem.

Se você os viu em 1969 ou no início dos anos 1970, foi testemunha de uma revolução. As coisas nunca mais serão daquele jeito. Isso *não* é nostalgia, isso não é romance, isso é *ciência* — o ambiente que permitiu que esse tipo de rock 'n' roll existisse não pode ser recriado. Até mesmo o público mudou demais — a cultura não poderia apoiar algo tão radical. Muita coisa aconteceu, muita fascinação desapareceu. Não há mais nenhuma sensação de perigo na música.

Mas mesmo se você viu um show deles nos anos 80 ou 90, ou em qualquer uma de suas turnês mais recentes, quando os palcos não paravam de crescer — são seis décadas de Stones, então não dá para dizer que você não teve pelo menos uma oportunidade —, então você ainda foi uma parte íntima desse épico incrível, do tipo que nunca mais será visto. E, se não, sempre pode colocar *Exile* para tocar. Todo mundo precisa de uma dose de salvação de vez em quando.

12. BLUES IN THE NIGHT

Em 2016, os Stones entraram em estúdio para gravar um disco novo e, inesperadamente, como se o mundo estivesse de cabeça para baixo, saíram de lá com um disco antigo. Foi intitulado *Blue & Lonesome* e era uma coletânea de antigas canções de blues, e muito mais um "retorno às raízes" do que *Beggars Banquet* dizia ter sido — inovação, tendências, moda e política não tinham lugar agora. Era luz sobre a decadência. Nada de harmonias drogadas, uma produção sem toque extra.

O mais próximo que chegaram de estupro e assassinato foi uma versão da hipnótica obra-prima de um acorde de Howlin' Wolf, "Commit a Crime", mas ainda soava francamente maligna. Era exata, nenhuma nota a mais onde quer que fosse. O disco inteiro era uma obra-prima minimalista. Nem mesmo a presença de Eric Clapton em algumas músicas seria capaz de arruiná-lo. Se você visse uma banda tocando tão bem em um bar, você *surtaria*.

A coisa mais surpreendente, sonoramente, foi o prato China de Charlie, que explodia por toda a paisagem. Às vezes ele apenas *dava a partida* nele, inclinando-se para ele no contratempo, pintando respingos em um pitoresco tom de azul. Era ao mesmo tempo primitivo e descontroladamente progressivo. Era maravilhosamente, violentamente expressionista — uma cor que normalmente não aparecia nesta parte da selva — e foi muito mais longe marcando o território de Charlie e tornando esses blues seus. Era ao mesmo tempo futurista e um retrocesso para os bateristas de jazz que Charlie adorava, que se apoiavam naquele som sujo para enfatizar a banda. Vivia numa dimensão da imaginação e, como tal, *Blue & Lonesome* era perfeitamente atemporal, e uma fuga bem-vinda da besteira arrogante que havia estragado seus seis discos anteriores.

Encontramos Mick, o bluesman absolutamente deslumbrante e direto, e um orgulho dos mestres do blues que detinham um conhecimento secreto que poderia facilmente ter se perdido no tempo.

E eles pareciam genuinamente satisfeitos por estar tocando juntos. Pareciam estar se divertindo. Ninguém estava forçando a barra. Eles eram gênios nisso — e foi nisso que passaram a vida inteira trabalhando, a Antiga Arte da Tecelagem. Claro, era um disco de covers — Little Walter, Magic Sam, Jimmy Reed —, mas eles ocupavam cada música tão despretensiosa e profundamente que era como se as estivessem criando na hora. Era magistral, como Da Vinci esboçando um nu, ou Michael Jordan dando aquele salto.

Eles entregaram grooves modais de um acorde que pareciam flutuar, e dobraram os doze compassos à sua vontade, segurando um acorde até que *sentissem* a hora de trocar. Outras vezes, o baixista prosseguia, mas os guitarristas ficavam. Eles tinham um senso sobrenatural de quando *não* trocar os acordes. É aqui que o campo encontra a cidade, é aqui que a terra encontra o céu.

E a bateria! Aquele shuffle impossível estava de volta. Como alguém conseguia ser tão disciplinado e tão relaxado ao mesmo tempo? Em entrevistas, Charlie elogiava Fred Below para quem quisesse ouvir — "Devo minha vida a Freddie Below" — e falava sobre o jazz da coisa toda, e sobre a dificuldade de tocar um shuffle corretamente.

Quando eu era adolescente e tive a brilhante ideia de começar a tocar bateria, via Charlie Watts como um herói — os Rolling Stones eram de longe minha banda favorita — e o estudei tão arduamente quanto ele estudou Earl Phillips, Fred Below e Chico Hamilton. Também toquei junto os discos do Black Sabbath, The Who, Led Zeppelin, Hendrix e Little Richard; e também de James Brown, Professor Longhair, MC5, Chuck Berry e Ramones, mas o que Charlie fazia estava *além*.

Tocar junto com o Led Zeppelin exigia aprender as *partes* — era muito específico e tecnicamente avançado. Tocar junto com os Stones estava mais para aprender a *tocar sem pensar*. Havia tiques estilísticos, mas nenhum truque estranho — você só tinha que deixar voar. Você tinha que *dançar* com a música. O jazz secreto de Charlie Watts.

Quando recebi minha cópia de *Blue & Lonesome*, resolvi me divertir um pouco. Peguei minhas escovinhas e, exceto por não ter um banjo com o braço destruído, dei uma chance a ele, acompanhando em uma capa de

LP antigo.[89] Foi um duro choque de realidade. Eu me senti deficiente. Fisicamente desafiado. Os andamentos eram enlouquecedores — o desejo era sempre acelerar, mas a magia dos Stones exigia *contenção*. *Expectativa e penetração*. Charlie Watts não se colocava à altura da ocasião, ele na verdade crescia junto.

———

Quando eu estava começando, Charlie não era alvo de muita empatia entre outros bateristas. O mesmo acontecia com Ringo — basicamente, o pouco de respeito conquistado por ambos se dava apenas por estarem nos Stones e nos Beatles, mas pouquíssimos bateristas entoavam louvores para honrar esses caras. Além de Bonham, todo mundo era louco por Neil Peart e polvos de rock progressivo com kits de bateria *gazoonga* nos quais poderiam fazer solos de bateria de dez minutos.

Os tempos mudaram. Charlie é reverenciado. Pequenos kits de bateria estão na moda.

Parte disso tem a ver com a estética despojada do pós-punk. É certamente um sinal de retorno à música de raiz por jovens músicos que valorizam muito a "autenticidade" diante do complexo da música pop industrial, e a percepção de que essa merda não pode ser ensinada, apenas aprendida.

É uma coisa incrível: busque "How to play like Charlie Watts" na internet e os resultados serão anêmicos, porque nenhum dos leigos na bateria que fazem esse tipo de vídeo são capazes de copiar o estilo de Watts. Existem centenas de detalhamentos passo a passo das batidas mais complexas de Bonham, tutoriais sobre partes insanas de bumbo duplo, lições de jazz intrincadas e discussões granulares sobre o funk mais complicado

---

89 Dica profissional: ao tocar com escovinhas em uma capa de LP, sempre escolha uma que tenha um acabamento áspero, como uma pele de bateria, para conseguir aquele som *vooosh*. Recomendo a trilha sonora de *The Last Waltz*, que tem aquela capa lindamente enrugada e o benefício extra de serem três discos, o que vai tornar menos provável que ele caia do seu colo enquanto você estiver tocando.

de James Brown. Há também um culto menor a bateristas domésticos que tocam músicas de Neil Peart e Rush perfeitamente.

Entretanto, o melhor que você vai conseguir no quesito Charlie Watts são alguns caras bem-intencionados, mas na maioria equivocados, dizendo que o estilo dele é simples, e mostrando a parte de levantar a baqueta do prato quando ele toca a caixa, ou tentando explicar a colossal troca de um-dois no início de "Start Me Up". Seu estilo pode parecer simples para os não esclarecidos, ou para aqueles que ainda acreditam no papo furado de que Charlie e Ringo somente marcavam o tempo, mas após uma observação atenta, ele desconcertava todos os caras que tinham habilidades técnicas monstruosas, mas tropeçavam ao tentar suingar um simples shuffle — e este é exatamente o tipo de cara que costuma fazer vídeos de si tocando bateria. De qualquer forma, não há muita sabedoria nesses vídeos instrutivos da internet. Se você quer tocar essa merda direito, tem que vivê-la. Você tem que *se comprometer*.

Essa é a grande falha da era da internet: *confundir o acesso à informação* com *conhecimento*. Vídeos de celular não são um substituto para a experiência. Todo mundo quer um atalho. Charlie Watts veio para te dizer que eles não existem.

Depois de passar por guerra, paz e disco, lá estavam eles. Sobreviveram à MTV e ao punk e, se nem sempre foram cem por cento relevantes, ao longo de cinco décadas — em uma carreira que, na última contagem, abrangeu pelo menos 11 presidentes dos EUA e cerca de 12 primeiros-ministros britânicos — os Rolling Stones sempre estiveram presentes, e apesar de quaisquer problemas vigorantes, as brigas internas e as discussões e o hiato indesejado, eles jamais tiveram de telefonar para Dio ou Donut para cobrir o lugar de alguém. Houve *continuidade*.

Desde seu primeiro show, eles têm sido mais consistentemente bem-sucedidos do que os militares dos Estados Unidos. Eles eram aparentemente indestrutíveis. Saíram dos porões suados dos pubs, tocando com

Alexis Korner, passaram pelas primeiras turnês insanas tocando com garotas barulhentas no auge da loucura dos anos 60, quando a cultura jovem significava adolescentes saltando no palco e tentando despedaçar a banda. Sobreviveram a apreensões de drogas, psicodelia ruim e mulheres loucas e fantásticas. Foram testemunhas de assassinato e cúmplices no crime. Mas Charlie nunca foi de combater os moinhos de vento — ele era o único a manter o ritmo.

Isso não tem nada de trivial. As exigências físicas da bateria são incríveis. Tocar em uma pequena bateria cercada por amplificadores de guitarra gigantes em um show de duas horas dos Rolling Stones, mesmo com um palco climatizado, andamentos relaxados e uma boa noite de sono na conta, é um feito olímpico. Não há pose nesse trabalho. Nada de fazer agachamentos, ostentar caretas ou segurar acordes ruidosos enquanto a banda toca atrás de você. Você é a banda. Se você parar, o show para.

Charlie sobreviveu ao câncer e ao vício em heroína — aliás, ele sobreviveu à estrada com Keith Richards e Mick Jagger por mais de cinquenta anos. Ele jamais desistiu, mesmo tendo muitas razões para tal. Ele tinha a porra da paciência de um santo.

Ele completou 78 anos pouco antes da última rodada da turnê No Filter, no verão de 2019 — apenas algumas semanas depois de Mick ter passado por uma cirurgia no coração. Uma cirurgia cardíaca![90] Eles foram considerados velhos quando estavam na casa dos trinta, e desde então foram enterrados e ressuscitados mais de uma vez.

Charlie poderia ter desistido a qualquer momento. Bill Wyman tomou uma boa decisão e saiu no momento certo, mas ele é um tipo camarada diferente. Ele sempre podia dizer não para Mick e Keith, mas Charlie nem tanto — e, de qualquer forma, não tenho certeza se sua esposa permitiria sua deserção da banda, porque senão o que diabos ele ia fazer, ficar deprimido em casa o dia todo? Bem, sempre há seu combo de jazz e seu grupo de boogie-woogie. Assim foi no começo, bem como no final:

---

90 Ponho a culpa na invenção do microfone sem fio.

os Rolling Stones precisavam de Charlie mais do que Charlie precisava dos Rolling Stones. Não é como se desse para se safar colocando um cara qualquer com maquiagem de gato atrás da bateria e fingir que estava tudo bem. Felizmente, não fazia parte do caráter de Charlie decepcionar as pessoas. Charlie era um cavalheiro e um soldado.

───────

Precisamos todos nos reunir em minha casa e conversar sobre esse sentimento de perder o último de nossos grandes astros do rock. Traga uma garrafa de Jack Daniel's, vamos precisar.

Você se lembra de onde estava quando Elvis morreu? Você se lembra de onde estava quando John Lennon foi assassinado? E quando recebeu a notícia sobre a morte do Prince? David Bowie? Kurt Cobain? Lux Interior? De todos os caras dos Ramones? Chuck Berry? E assim por diante. Esse é o preço do tempo.

Conheci jovens que não sabem quem foi Frank Sinatra, muito menos aquele velho idiota do Dean Martin. Qual será a primeira geração que não conhecerá os Stones? *There's a hole where there once was a heart...*

Os Rolling Stones não vão desaparecer, porque o tipo de ritmo e sexualidade que eles traficavam nunca foi baseado em nenhuma tendência — foi construído a partir do estilo trash, das drogas, da decadência e da alma, foi romântico no sentido mais grandioso e baseado em conhecimentos antigos, recebidos em primeira mão de James Brown, Marvin Gaye, Muddy Waters, Howlin' Wolf, Bo Diddley, Little Richard e assim vai. Os Rolling Stones foram a última grande banda a carregar a mesma tocha que foi acesa quando o rock 'n' roll ainda era considerado uma ameaça. Em última análise, ele entrará e sairá de moda, mas jamais perderá o estilo.

Havia uma convicção religiosa em sua melhor música. Eles fizeram parte de uma cruzada, que não seguiu desprovida de baixas, ameaças ou erros, mas nenhuma boa cruzada jamais é livre destas coisas. Às vezes era preciso um grande voto de confiança. Mas se você aceitar a premissa de que, uma vez, pelo menos por um momento, os Rolling Stones foram A MAIOR BANDA DE ROCK 'N' ROLL DO MUNDO, então, logicamente — usando de teoria transitiva, imperativos mereológicos e a experiência prática do que aprendemos sobre bandas que não têm o baterista certo —, pelo menos naquele momento, Charlie Watts foi O MAIOR BATERISTA DE ROCK 'N' ROLL DO MUNDO.

Mas isso não importa. Ser O MAIOR, o que isso significa? E quem liga?

O importante é que, mesmo quando os Rolling Stones estavam tocando em coliseus romanos e Mick estava se esfregando em um pênis inflável gigante ou cantando em cima de um elevador hidráulico, quando Keith estava bêbado e Ronnie estava em seu encalço, Charlie acabava com a raça de todo mundo detrás de sua minúscula bateria de jazz. Ele vendia a música com toda a elegância. E é por isso que Charlie Watts é o cara: era ele quem dava uma boa dose de classe a tudo. E suingue era com ele mesmo.

AGRADECIMENTOS

OS ROLLING STONES, EM ESPECIAL CHARLIE WATTS, nem sempre gostam de conceder entrevistas, e certamente não a lunáticos que escrevem livros não autorizados, mesmo que sejam tão espirituosos e bem-intencionados quanto este tenta ser. Mesmo assim, deixo meus eternos agradecimentos a eles por me inspirarem de tantas maneiras, especialmente Charlie Watts, é claro, mas também Keith Richards, que teve a gentileza de me pagar um Jack Daniel's uma noite em um show de James Brown no Apollo Theater e de conversar comigo sobre a melhor (e não tão boa assim) parte de tocar com Chuck Berry; e Bobby Keys, que foi um convidado muito estimado no meu programa de rádio, e cavalheiro demais para falar sobre os Stones ("os Stones" significando "Mick") enquanto estávamos no ar, mas passou uma tarde bebendo Old Fashioneds e me encantando com sua versão dos acontecimentos. Devo também mencionar que encontrei Ronnie Wood em certa tarde, na gravação de um especial de televisão de Jerry Lee Lewis, enquanto ele esperava sua vez de entrar. Falei que estava feliz por vê-lo e ele apertou minha mão, empolgado, dizendo: "Sim, cara, bom ver você também, como você tem passado?", fato que me fez lembrar que o grande lance de ser famoso é fingir que se lembra de todas as pessoas que você conheceu. A gente não se conhecia, é claro, mas foi legal da parte dele se lembrar de mim, de qualquer forma.

Quando chegou a hora de tornar este livro uma realidade — provavelmente tenho pensado nisso desde os meus 15 anos, mais ou menos 25 anos antes de escrever meu primeiro livro e uns dez anos a contar deste momento — John Cerullo, da Backbeat, compartilhou de meu entusiasmo imediatamente. Agradeço a John por seu espírito e experiência editorial, e por liderar uma equipe excelente, incluindo Clare Cerullo, que me apoiou durante todo o processo de transformar meus pensamentos em tinta no papel.

Sou grato a Katherine Barner, que prestou uma excelente assistência editorial.

A Tom Seabrook, um grande parceiro nas frentes editorial e de design, dois talentos que nem sempre se encontram na mesma pessoa. Se este livro ficou bonito e faz sentido, Tom teve grande participação nisso.

A Tilman Reitzle, que fez tantas capas de livros maravilhosas e me ajudou com panfletos de shows, pôsteres, capas de CD e muito mais; ele é meu cara no departamento de arte. Ele é responsável pelas letras manuscritas na capa original e trabalhou comigo com rara paciência, como sempre, para atingir a energia certa.

Foi um deleite raro ouvir os Rolling Stones com o craque dos músicos de sessão e superstar da caixa, Kenny Aranoff, que me ajudou a mergulhar profundamente no estilo de Charlie Watts e escreveu os gráficos legais de microbateria para dar a este volume um pouco de *tchan*. Kenny já acompanhou Paul McCartney, Iggy Pop, Bob Dylan, Meat Loaf, Stevie Nicks, John Fogerty... a lista é interminável. Kenny também tocou com os Rolling Stones, acrescentando mais percussão a *Bridges to Babylon*, e também tocou com Charlie Watts em seu projeto com Jim Keltner.[91] Não importa sua boa-fé luminosa, Kenny é um baterista de baterista e verdadeira gente boa, generoso, honesto e muito engraçado. Enquanto estávamos embasbacados com a incrivelmente estranha e maravilhosa introdução de bateria de Charlie em "Hang Fire", Kenny disse: "Eu gostaria de estar nos Stones – ninguém mais me deixaria tocar assim!"

---

91 Kenny também foi convidado para tocar em uma turnê solo de Mick Jagger e chegou a comparecer a uma jam session em estúdio, mas acabou tendo conflitos de agenda. Mick sempre escolhia caras de primeira para sua banda, mas receber um convite de Charlie significava deter o *Selo de Aprovação Charlie*.

AGRADECIMENTOS

Meu muito obrigado ao fotógrafo Ethan Russell, que participou das turnês com os Stones em 69 e 72, e com quem foi um prazer trabalhar. Agradeço também a Derek Davidson do Photofest, que foi um grande trunfo quando se trata de investigar as maravilhas e os absurdos dessa bagunça.

Agradecimentos eternos aos muitos músicos que tocaram comigo ao longo dos anos e que me ajudaram a transformar cada leitura e noite de autógrafos em verdadeiros eventos — e a transformar o audiolivro em uma nova linhagem de puro caos literário — mas especialmente ao Maior Pianista do Mundo, Mickey Finn; ao Beatnik Nº 1, Bob Bert; a Jon "The Hitman" Spencer; e ao "The Count", Peter Zaremba.

Por último, mas certamente não menos importante, agradeço à brilhante e bela Christine "Daisy" Martin, que me atura diariamente, o que não é uma tarefa fácil, embora eu não tenha permissão para montar minha bateria em nosso apartamento no Brooklyn. Acho que um dia terei de comprar uma casa para nós.

BIBLIOGRAFIA SELECIONADA

Uma discografia completa está muito além do escopo deste humilde trabalho e teria de incluir não apenas a totalidade da produção gravada pelos Rolling Stones (incluindo bootlegs e dezenas de gravações e vídeos ao vivo), mas também as discografias completas do Led Zeppelin, do The Who, dos Beatles, Elvis Presley, Jimmy Reed, e muitos registros da Sun Records, Chess Records, Motown etc. Isso sem falar nas coletâneas de muitos músicos — e particularmente bateristas — aqui mencionados. Álbuns e músicas específicos apresentados ao longo deste texto e playlists completas que englobam todo o livro estão disponíveis para streaming em www.mikeedison.com

A citação que compõe metade da epígrafe deste livro foi extraída da entrevista completa de Jas Obrecht com Charlie Watts, realizada em 1994, para um único número de uma revista autorizada dos Rolling Stones, *Inside the Voodoo Lounge*.

Abelson, Danny. "50 & Counting: Sonic Truth for the Rolling Stones Latest Tour." *Live Sound*. 15 de julho de 2013.

Altham, Keith. "The Rolling Stone Charlie Watts Takes Over Mansion of First Archbishop of Canterbury!" *New Musical Express*, 20 de janeiro de 1968.

Berry, Chuck. *Chuck Berry: The Autobiography*. Nova York: Harmony Books, 1987.

Beuttler, Bill. "The Charlie Watts Interview." *DownBeat*, fevereiro de 1987.

"Bill Wyman Charlie Watts Rolling Stones Interview 1976 Tour." YouTube. Arquivo de vídeo. 23 de junho de 2012. www.youtube.com

Blanchard, Wayne. "19 Reasons to Love Charlie Watts." *Drum!*, 12 de abril de 2017.

Borgerson, Bruce. "The 'Brown Sugar' Sessions: Jimmy Johnson on Recording the Rolling Stones." *Tape Op*, novembro/dezembro de 2001.

Bungey, John. "Charlie Watts: Me, Retire? What Am I Gonna Do? Mow the Lawn?" *The Times*, 5 de maio de 2017.

Case, Brian. "Charlie Watts Big Band: Ronnie Scott's, London." *Melody Maker*, 30 de novembro de 1985.

Charlie Is My Darling. Direção de Peter Whitehead. 1966.

Cocksucker Blues. Direção de Robert Frank. 1972.

Crossfire Hurricane. Direção de Brett Morgen. 2012. HBO.

DeCurtis, Anthony. "Keith Richards: A Stone Alone Comes Clean." *Rolling Stone*, 6 de outubro de 1988.

DeCurtis, Anthony. "Steel Wheels." *Rolling Stone*, 29 de agosto de 1989.

DeCurtis, Anthony. "The Rolling Stone Interview: Keith Richards." *Rolling Stone*, 6 de outubro de 1988.

Derogatis, Jim. "Q&A: Charlie Watts on His New Jazz Album, Sketching Hotel Beds, and the 40-Year-Old Sex Pistols." *Rolling Stone*, 30 de maio de 1996.

Doyle, Patrick. "Keith Richards on Getting Busted, Zeppelin and Stones' Future." *Rolling Stone*, 8 de outubro de 2015.

Egan, Sean. *Keith Richards on Keith Richards: Interviews and Encounters*. Chicago: Chicago Review Press, 2013.

Eggar, Robin. "Charlie Watts: The Esquire Interview." *Esquire*, junho de 1998.

Ellen, Barbara. "Charlie Watts: Proper Charlie." *The Observer*, 9 de julho de 2000.

Erlewine, Michael. "Odie Payne, Jr." *AllMusic*. www.allmusic.com.

Falzerano, Chet. *Charlie Watts' Favorite Drummers*. Anaheim: Centerstream Publishing, 2017.

"The First Years of Disco (1972–1974)." *Disco Savvy*. www.discosavvy.com.

Fish, Scott K. "Fred Below – Magic Maker" *Modern Drummer*, setembro de 1983.

Fish, Scott K. e Weinberg, Max. "A Conversation With Charlie Watts." *Modern Drummer*, agosto/setembro de 1982.

Flanagan, Bill. "Q&A with Bill Flanagan." *Bob Dylan*, 22 de março de 2017. www.bobdylan.com.

Flans, Robyn. "Charlie Watts." *Modern Drummer*, agosto/setembro de 1982.

Fletcher, Tony. *Keith Moon: A vida e a morte de uma lenda do rock*. Caxias do Sul: Belas Letras, 2021.

BIBLIOGRAFIA SELECIONADA

Flippo, Chet. "The Rolling Stones Grow Old Angrily." *Rolling Stone*, 21 de agosto de 1980.

Fornatale, Peter. *50 Licks: Myths and Stories from Half a Century of the Rolling Stones*. Nova York: Bloomsbury USA, 2013.

Fortnam, Ian. "Interview: Keith Richards and Charlie Watts on the Rolling Stones in Exile." *Classic Rock*, 15 de novembro de 2016.

Fricke, David. "Q&A: Charlie Watts." *Rolling Stone*, 22 de novembro de 2005.

From the Vault – Hyde Park – Live in 1969. 1969. Eagle Rock Entertainment DVD.

From the Vault – L.A. Forum – Live in 1975. 1975. Eagle Vision DVD.

Giles, Jeff. "That Time the Rolling Stones Regrouped for 'Steel Wheels.'" *Ultimate Classic Rock*, 29 de agosto de 2015.

Giles, Jeff. "When the Wheels Came Off: The History of the Rolling Stones 'Dirty Work.'" *Ultimate Classic Rock*, 9 de maio de 2014.

Gimme Shelter. Direção de Albert Maysles, David Maysles e Charlotte Zwerin. 1970. Maysles Films.

Gray, Tyler. "The Making of the Rolling Stones' 'Exile on Main Street'." *New York Post*, 9 de maio de 2010.

Greenfield, Robert. *Uma temporada no inferno com os Rolling Stones*. São Paulo: Zahar, 2008.

Greenfield, Robert. "The Rolling Stone Interview: Keith Richards." *Rolling Stone*, 19 de agosto de 1971.

Harper, Simon. "Charlie Watts on 'Exile on Main Street.'" *Clash*, 19 de maio de 2010.

Hudson, Scott. "Rock and Walk: Rolling Stones' 'Dirty Work'." *Argus Leader*, 30 de junho de 2014.

Ingham, Chris. "Ten Questions for Charlie Watts." *Mojo*, julho de 1996.

Jefferson, Margo. "Ellington Beyond Category." *The New York Times*, 15 de outubro de 1993.

Jisi, Chris. "Partners In Time: John Entwistle & Keith Moon." *DRUM!*, 23 de agosto de 2013.

Johns, Glyn. *Sound Man: A Life Recording Hits with the Rolling Stones, the Who, Led Zeppelin, the Eagles, Eric Clapton, the Faces...* Nova York: Plume, 2014.

"'Just Another Band to Me': In a Rare Talk, Charlie Watts Remembers Joining the Rolling Stones." *Something Else!*, 13 de dezembro de 2013.

Kaufman, Spencer. "10 Things You Didn't Know About Charlie Watts." *Ultimate Classic Rock*, 2 de junho de 2011.

Kelley, Ken. "That Time Mick Jagger Kicked Off His First Solo Tour." *Ultimate Classic Rock*, 16 de março de 2016.

Kubernik, Harvey. "Engineer Andy Johns Discusses the Making of the Rolling Stones' 'Exile on Main Street'." *Goldmine*, 8 de maio de 2010.

Ladies and Gentlemen: The Rolling Stones. Direção de Rollin Binzer. 1994. Dragonaire Ltd.

Let's Spend the Night Together. Direção de Hal Ashby. 1983.

Loder, Kurt. "Keith Richards: The Rolling Stone 20th Anniversary Interview." *Rolling Stone*, 5 de novembro de 1987.

Margotin, Philippe e Guesdon, Jean-Michel. *The Rolling Stones All the Songs: The Story Behind Every Track*. Nova York: Black Dog & Leventhal, 2016.

Merlis, Jim. "Rolling Stones Producer Jimmy Miller: 15 Things You Didn't Know." *Rolling Stone*, 24 de maio de 2018.

Mojo Equipe. "Charlie Watts: 'I Thought the Stones Were Just Another Band.'" *Mojo*, 3 de julho de 2015.

Needham, Alex. "The Rolling Stones: 'We Are Theatre and Reality at the Same Time'." *The Guardian*, 1º de dezembro de 2016.

Newey, Jon. "The Beat Goes On: Charlie Watts and the Great Jazz Drummers." *Jazzwise*, julho de 2000.

Palmer, Alun. "'I Drank Too Much and Took Drugs. I Went Mad Really': Charlie Watts, the Calm Man of the Rolling Stones, Looks Back at 50 Years of Chaos." *Mirror*, 12 de julho de 2012.

Patoski, Joe Nick. "Watching Willie's Back." *Oxford American*, inverno de 2014.

Paytress, Mark. "The MOJO Interview." *Mojo,* agosto de 2015.

Pidgeon, John. "The Back Line: Bill Wyman and Charlie Watts." *Creem*, novembro de 1978.

Remnick, David. "Groovin' High." *The New Yorker*, 25 de outubro de 2010.

Richards, Keith e Fox, James. *Vida*. Rio de Janeiro: Globo Livros, 2010.

The Rolling Stones. *According to the Rolling Stones*. São Paulo: Cosac & Naify, 2011.

The Rolling Stones: Havana Moon. Direção de Paul Dugdale. 2016. Eagle Rock Entertainment.

The Rolling Stones: Some Girls Live. Direção de Lynn Leneau Calmes. 2011. Eagle Rock Entertainment.

Sandall, Robert. "Charlie Watts: The Rock." *Mojo,* maio de 1994.

Schlueter, Brad. "Analysis of the Trickiest Drum Intros on Record." *DRUM!*, 21 de novembro de 2012.

Shine a Light. Direção de Martin Scorsese. 2008. Paramount Classics.

"Somebody Explain Charlie Watts to Me." *Straight Dope Message Board*. 10 de junho de 2008. https://boards.straightdope.com.

"Stones' Wood: I Did So Many Drugs, Keith Richards Got Mad!" *Daily News*, 15 de outubro de 2007.

Sweeting, Adam. "Charlie Watts: I've Recorded Drums in the Lavatory." *Telegraph*, 14 de março de 2012.

Terich, Jeff. "History's Greatest Monsters: The Rolling Stones – Dirty Work." *Treble*, 22 de março de 2013.

Thompson, Dave. *I Hate New Music: The Classic Rock Manifesto*. Nova York: Backbeat, 2008.

Tingen, Paul. "Secrets of the Mix Engineers: Bob Clearmountain." *Sound on Sound*, fevereiro de 2009.

Vaillancourt, Eric. "Rock 'n' Roll in the 1950s: Rockin' for Civil Rights," (Tese de Mestrado, University of New York College at Brockport, 2011).

Varga, George. "Rolling Stones Flashback: Charlie Watts Interview." *San Diego Union Tribune*, 19 de maio de 2015.

Watts, Charlie. "Home Entertainment." *The Guardian*, 31 de maio de 2001.

Wenner, Jann S. "Mick Jagger Remembers." *Rolling Stone*, 14 de dezembro de 1995.

Wood, Ronnie. *Ron Wood: A autobiografia de um Rolling Stone*. São Paulo: Generale, 2012.

Woodall, James. "Ringo's No Joke. He Was a Genius and the Beatles Were Lucky to Have Him." *The Spectator*, 4 de julho de 2015.

"The World's 'Luckiest' Drummers?" *The Rush Forum*. 5 de setembro de 2012. www.therushforum.com.

Wyman, Bill. *Stone Alone: The Story of a Rock 'n' Roll Band*. Nova York: Viking Adult, 1990.

Zoro e Daniel Glass. *The Commandments of Early Rhythm and Blues Drumming*. Van Nuys: Alfred Publishing Company, 2008.

WA